写给孩子的中国名人传

给孩子看的苏轼传

张胜兵 周 檀 著

四川少年儿童出版社

图书在版编目（CIP）数据

给孩子看的苏轼传 / 张胜兵 , 周檀著 . -- 成都：四川少年儿童出版社， 2023.6

ISBN 978-7-5728-1124-1

Ⅰ．①给… Ⅱ．①张…②周… Ⅲ．①苏轼（1036—1101）—传记—少儿读物 Ⅳ．① K825.6-49

中国国家版本馆 CIP 数据核字（2023）第 084138 号

出 版 人　常　青

策　　划	书香力扬
责任编辑	黄　政
封面设计	刘　亮
书籍设计	书香力扬
技术设计	黄　政
责任校对	覃　秀
责任印制	蒋中华

GEI HAIZI KANDE SUSHIZHUAN

书　　名	给孩子看的苏轼传
作　　者	张胜兵　周　檀
绘　　画	胡渝晨
出　　版	四川少年儿童出版社
地　　址	成都市锦江区三色路 238 号
网　　址	http://www.sccph.com.cn
网　　店	http://shop.sccph.com.cn
经　　销	新华书店
排　　版	书香力扬
印　　刷	四川科德彩色数码科技有限公司
成品尺寸	230mm×165mm
开　　本	16
印　　张	12
字　　数	240 千
版　　次	2023 年 8 月第 1 版
印　　次	2023 年 8 月第 1 次印刷
书　　号	978-7-5728-1124-1
定　　价	30.00 元

《写给孩子的中国名人传》编委会

主　　编　林　强

副 主 编　刘晓军　陈冠夫

编委会成员（以姓氏笔画为序）

　　　　　王　聪（成都龙泉驿柏合学校校长）
　　　　　王　燕（成都新华路小学校长）
　　　　　王　鑫（成都青羊区清波小学副校长）
　　　　　田　慧（简阳市射洪坝水东小学校长）
　　　　　刘　伟（四川省校园文学艺术发展促进会秘书长）
　　　　　刘芳菲（成都双眼井小学校长）
　　　　　何天明（眉山天府新区青龙小学校长）
　　　　　何文轲（绵阳北川永昌实验学校校长）
　　　　　张胜兵（成都天府新区永兴小学校长）
　　　　　陈　庆（彭山实验小学校长）
　　　　　陈　岳（成都市国学推广公益大使）
　　　　　罗　勇（眉山苏南小学校长）
　　　　　周晓华（彭山第四小学校长）
　　　　　彭　英（成都市泡桐树小学语文教研组大组长）

编辑部成员　赵娟　许甜甜　张露

CONTENTS

第一章	学霸出身也平凡	/001
第二章	苏门父子皆才俊	/013
第三章	一考成名天下惊	/029
第四章	通判方知民间苦	/040

第五章	文坛"顶流"的情仇	/047
第六章	乌台诗案绝处生	/061
第七章	凄凉东坡乐田园	/075
第八章	黄州逆境好养生	/089
第九章	斗智斗勇参佛理	/097

第十章　祸福转再起东山　　/ 107
第十一章　再赴杭州建功名　/ 117
第十二章　不辞长作岭南人　/ 126
第十三章　天涯儋州至白头　/ 135

第十四章　亦师亦友忘年交　　/ 144
第十五章　一蓑烟雨任平生　　/ 161
第十六章　岁月沉淀的"吃货"　/ 168
结语　　　君子如玉亦如钢　　/ 177

第一章
学霸出身也平凡

公元 1037 年 1 月 8 日（宋仁宗景祐三年腊月十九），一声嘹亮的啼哭，打破了冬日的阴冷沉寂。在四川中部的小镇眉州（今四川省眉山市），一个小小的生命**呱呱坠地**。这个婴儿就是后来名震中国词坛、文列"唐宋八大家"、书法位列"宋四家"之首的北宋文豪苏轼。

据古代史书记载，有名的人物出生时总有点奇观异象，然而，苏轼出生的时候却什么奇观异象也没有。之前，苏妈妈生过一个女孩和一个男孩，可惜男孩夭折了，苏轼因此成了苏门长子。苏轼小时候长得普普通通，算不上高大帅气，气质上也没有自带光环、霸气出众。

现在，我们回过头来看看苏轼的家里人吧。眉山苏家的历史可追溯到唐朝宰相、诗人苏味道。苏轼的祖父苏序，没什么太高的文化，却具有高明的生活智慧和急公好义、乐善好施的热心肠。他广有田产，每年收租的时候，把稻米换成稻谷，因为这样可以久久存放。每当灾年或三四月**青黄不接**的时候，他把存粮"零利息"借出去，等来年再收回新的稻谷，有时候甚至忘了收回之前借出的存粮。所以有人说，苏家在文学上的伟大成就，可能是上天对苏序菩萨心肠的回报。后来，为避讳祖父的名号，苏轼文章之"序"，都用"引"来代替。

而苏轼的父亲——苏洵的事迹因《三字经》而广为流传，他也成为"大器晚成"的代表人物，十分励志。"苏老泉，二十七。始发愤，读书籍。"苏洵年轻时不太靠谱，史书记载，他"终日嬉游，

第一章 学霸出身也平凡

不知有生死之悲",直到多次科举考试失败,才幡然悔悟,刻苦攻读,成为小苏轼学习的榜样和监督者。

苏轼的母亲程夫人被誉为"三大贤母"之一(另外两位是孟子的母亲"孟母"、岳飞的母亲"岳母")。程家为眉山首富,苏轼的外公程文应更有"大理寺丞"的官方背景。程夫人出身**书香门第**,在那个"女子无才便是德"的年代里,不仅女红精到,而且罕见地通晓文墨,很有才华。她为了支持丈夫读书,做起了丝绸生意,撑起了整个苏家的生计。

苏轼幼年时,老爸苏洵忙于准备科举考试。第一次落榜之后,苏洵便到江淮一带旅游散心,基本上没空管这个儿子,于是他把6岁的苏轼送到了一个私塾,老师是个道士,叫张易简。

除了在私塾学习,苏轼还跟着母亲拓展学习。只是,苏妈对书本的选择往往很"佛系",在苏爸的书案上随手抄起来哪本就讲哪本。有一回,苏妈拿了苏爸的一本《后汉书》[①]当教材,一边给小

① 《后汉书》:作者是南朝宋的范晔。全书主要记述了上起东汉光武帝建武元年(公元25年),下至汉献帝建安二十五年(公元220年),共195年的史事。与《史记》《汉书》《三国志》并称为"前四史"。

 给孩子看的苏轼传

苏轼讲故事,一边教他读书认字。

《后汉书》全书足有120卷,自然不可能是几天就能讲完的。有一天,苏妈讲了这么一个故事:东汉末年,中央朝政被一群宦官把控,群臣百官有意弹劾干政的宦官,却被他们倒打一耙。一时间,被陷害下狱的人**不计其数**。这些大臣都是拿惯了笔杆子的文人雅士,哪里受得了宦官们安排的酷刑呢?于是,绝大部分人**缄默不语**了。但是,在噤声了的东汉群儒当中,也有这么一个"不要命"的青年,他的名字叫**范滂**②。范滂无视宦官们拎着刑具的强制"禁言",坚持向皇帝上书陈述己见,任凭宦官如何威胁,他**毫不退缩**。只可惜,东汉末年的皇帝太过昏庸,始终听不进范滂的忠言。最终,范滂被奸臣构陷,年纪轻轻就慷慨就义。

苏妈讲完故事之后,照例要培养一下小苏轼的总结概括能力:"儿子,这个故事说明了一个什么道理呀?"

年幼的苏轼答得很干脆:"说明君子就应该坚韧如钢,有话直说,不畏强权!妈妈,我也想成为这样的人,好不好?"

苏妈先是一愣,可随即她就点了点头,说:"说得好!你既然

② 范滂:字孟博,东汉名士,名列"八顾"之一,又与刘表等人并称为"江夏八俊"。

想成为范滂,那我为什么不能像范滂的母亲一样深明大义呢?"

苏轼和弟弟苏辙在苏妈的严格要求下度过了童年。苏轼10岁时,苏洵远游归家,也加入了苏妈的严格教育阵营,苏家的"虎妈狼爸"组合就此正式出道。每天早上,苏轼和弟弟都要到父母那里领学习任务,晚上打卡交任务、领奖惩,几乎全年不休息。

经过疯狂"练级"之后,小苏轼很快就成长为**远近闻名**的神童。他10岁时就通读了《后汉书》。为了加深记忆,苏轼后来还把足足有120卷之多的《后汉书》手抄了3遍,也因此练就了一手极好的书法。10多岁时,苏轼就写出了许多佳作,不仅能写出锦绣文章,还能作诗词歌赋。在他少年时代的作品中,以相传11岁时作的《黠鼠赋》最为著名。

苏子夜坐,有鼠方啮。拊床而止之,既止复作。使童子烛之,有橐中空。嘐嘐聱聱,声在橐中。曰:"嘻!此鼠之见闭而不得去者也。"发而视之,寂无所有,举烛而索,中有死鼠。童子惊曰:"是方啮也,而遽死也?向为何声,岂其鬼耶?"覆而出之,堕地乃走,虽有敏者,莫措其手。

苏子叹曰:"异哉,是鼠之黠也!闭于橐中,橐坚而不可穴也。故不啮而啮,以声致人;不死而死,以形求脱也。吾闻有生,莫智于人。扰龙伐蛟,登龟狩麟,役万物而君之,卒见使于一鼠,堕此虫之计中,惊脱兔于处女,乌在其为智也?"

坐而假寐,私念其故。若有告余者,曰:"汝为多学而识之,

望道而未见也，不一于汝而二于物，故一鼠之啮而为之变也。人能碎千金之璧而不能无失声于破釜，能搏猛虎不能无变色于蜂虿，此不一之患也。言出于汝而忘之耶！"余俛而笑，仰而觉。使童子执笔，记余之作。

——苏轼《黠鼠赋》

《黠鼠赋》讲了一只狡猾的老鼠不慎掉进了一个大袋子里，它咬不破袋子，便故意发出声音引诱人来查看，然后躺在袋子里装死，等人们把袋子倒扣过来时，它趁人不备，迅速逃跑了。

讲完这个故事之后，小苏轼还不忘升华一下中心思想。

他惊讶于老鼠的狡猾，感叹道："人类何其聪明，上能驯龙，下能捉龟，几乎能役使世间万物。可是人却又如此轻易地被一只老鼠利用，陷入它的计谋当中。这时候，人的智慧去哪里了呢？"

反思世人之后，苏轼又开始反省自己。年幼的苏轼心想，自己为什么会受到老鼠的干扰呢？是因为自己离"大道"还很远，学习的时候还不够专心。因为其心不专，才会轻易受到外物的影响。

《黠鼠赋》全文不过两百多字，却折射出苏轼对于世事和治学的反思。这样一篇有故事、有哲理的文章，即使放到现在也是满分作文。"寓理于事，结尾升华"，经常为作文挠头的你，还不赶紧

 给孩子看的苏轼传

拿出小本本把这诀窍记下来?

　　勤奋学习、广泛阅读给苏轼奠定了丰厚的文学底蕴。但父亲的严格要求也给苏轼带来了一生抹不去的"心理阴影",以至于他在晚年时有一次梦见父亲,因为没完成父亲交代的通读《春秋》③的任务而吓出一身冷汗。

　　　　夜梦嬉游童子如,父师检责惊走书。
　　　　计功当毕《春秋》余,今乃始及桓庄初。
　　　　怛然悸寤心不舒,起坐有如挂钩鱼。

　　　　　　　　　　　　——节选自苏轼《夜梦》

　　在苏爸苏妈的严格要求下,苏轼终日苦读不辍,真正做到了"两耳不闻窗外事,一心只读圣贤书"。

　　苏轼晚年写诗宽慰一个落榜生时,曾经回忆自己的童年:

　　　　我昔家居断还往,著书不复窥园葵。

　　③《春秋》：记载了从鲁隐公元年（前722年）到鲁哀公十四年（前481年）的历史，是中国第一部编年史兼历史散文集，也是儒家"五经"之一。据传由孔子修订而成。

第一章 学霸出身也平凡

竭来东游慕人爵,弃去旧学从儿嬉。

——节选自苏轼《送安惇秀才失解西归》

为了读书,苏轼跟街坊四邻的玩伴都中断了往来,一心一意写作、阅读,连院子里的花朵都无暇欣赏。

这个故事告诉我们一个道理:这世上从来就没有什么少年天才。那些所谓的天才,往往具备两种条件:一是背后有一对要求

严格的"虎妈狼爸",二是背地里超乎寻常地努力,好似"开了外挂"。

　　苏妈对苏轼的要求非常严格,但是她也非常尊重苏轼的人格培养,尤其注重培养苏轼敢于质疑、不畏强权的精神与骨气。

　　苏轼8岁时,私塾里来了一个陌生人。陌生人自称从京城来,给苏轼的老师张道长带了一本《庆历圣德颂》。这首长诗可是当时大宋的畅销作品。苏轼站在老师旁边,偷偷把长诗从头看到尾,只看了两遍就能背诵全文。

　　那人走了之后,苏轼举手问老师:"老师,为什么刚才那首长诗里要赞扬那些人呢?那些人都是谁呀?"

第一章　学霸出身也平凡

老师捋着胡子，瞧着这个**乳臭未干**的小孩："你作业写完了没有？一个孩子问那么多干什么？"

小苏轼立刻仰着脖子反驳："那些人要是天上的神仙，那我自然不敢多问。可如果他们也是跟我一样的**肉体凡胎**，那我凭什么不能问呢？"

这要是换作一般的老师，一听到学生这么反驳，估计早就要请家长了，还好这位老师不是一般人。苏轼小小年纪，说出来的话却有理有据，老师大为折服，便坦诚地告诉他："这首诗里面称颂的

人有韩琦、范仲淹④、富弼、欧阳修,这四个人都是咱们大宋的杰出人才呀!"

  这是童年时代的苏轼第一次听到欧阳修等人的名字,此时的苏轼还不知道,自己在不久的将来就会成为欧阳修赞不绝口的学生之一。此时的老师张道长也不知道,他啧啧称奇的这个小孩,后来成了中国文化的集大成者,成了中华民族百折不挠、乐观进取的精神象征人物。

  ④ 范仲淹:世称范文正公,著有《范文正公文集》。代表作有《岳阳楼记》《渔家傲·秋思》等。他"先天下之忧而忧,后天下之乐而乐"的思想对后世影响深远。

第二章
苏门父子皆才俊

作为学霸的父亲,苏洵在小时候却不太爱学习,甚至觉得自己不适合走读书考试这条路。宋朝是个崇尚文学艺术的时代,"万般皆下品,惟有读书高"。上到九五之尊的皇帝,下到平民百姓,大家都尊重饱读诗书的儒生,就连北宋的皇帝都说"书中自有千钟粟""书中自有黄金屋"。然而,就在这种全民向学、人人抱着儒家经典刻苦钻研的大环境下,苏洵却十分讨厌教条、古板地学习儒家经典,反而热心钻研并不适合科举考试的老子和庄子学说。

受到老庄逍遥无为思想的影响,年轻时的苏洵是一个特别随心所欲的人。虽然他的学习成绩不是特别好,但是他一点也不着急,每天仍然过得自由自在。当同辈年轻人都在认真读书、努力考取功名的时候,苏洵却仗着自己天资聪明,成天逃学旷课,一有空

闲就把家里的大黄牛牵出去,跑到山上一边放牛,一边读闲书,过得逍遥自在。

鉴于苏洵在年轻时的表现,后代史书在记载苏洵的年少经历时,即便文笔再委婉,也只能无奈地称其"终日嬉游,不知有生死之悲"。意思就是说,年轻时候的苏洵几乎天天都在外面撒欢儿,玩到兴起的时候,连生离死别的苦痛都忘得一干二净。

苏洵的少年时代正值北宋真宗执政时期,当时北宋刚刚建立不久,社会风气还比较宽厚,对于儒生的训导也还没有严格起来。再加上北宋时期的道家文化虽然不是主流文化,受众却不在少数。宋

第二章 苏门父子皆才俊

真宗就是一位崇道皇帝,他在位时曾经多次封祀名迹,还专门拨款整理道家经书,修建新道观。在这种**自上而下**的影响下,大宋王朝热衷追求"时尚"的读书人也都开始像模像样地学起了道家学派的潇洒范儿。苏洵在年少时之所以爱放牛多于爱读书,在某种角度上来说,可能也是受了当时"道学潮流"的影响。

虽然苏洵不喜欢儒家学说,还经常逃学,惹得老师气恼不已,但好在苏洵有一个非常尊重他个人想法的父亲。苏洵心宽,他爸苏序的心更宽。苏洵的两个哥哥早就凭借读书考试入朝为官了,然而,

 给孩子看的苏轼传

面对看到书本就头疼的小儿子苏洵，苏序仍然保持着"纵而不问"的态度，任凭苏洵野蛮生长。究其原因，可能是"有其父必有其子"吧。据史书记载，年轻时代的苏序读书就**不求甚解**，所以，在看到"终日嬉游"的苏洵时，苏序应该也想到了自己的少年时代，因而宽容以待吧。

在父亲苏序的默许之下，苏洵就这样"放牛"到了24岁。直到北宋明道元年（公元1032年），25岁的苏洵先后经历了母亲病故、**乡试**①落第的双重打击，才浪子回头，决心苦读。

后来，苏洵在给北宋文坛大家欧阳修写信时，提到了自己这段不堪回首的过往：

洵少年不学，生二十五岁，始知读书，从士君子游。
——节选自苏洵《上欧阳内翰第一书》

乡试落第，苏洵痛定思痛，从箱子里翻出自己以前写的几百篇文章仔细通读后，不禁仰天长叹："我现在的学识积累真是太少了，

① 乡试：中国古代科举考试之一。唐宋时称乡贡、解试，由各地州、府主持考试，本地人参加，一般在八月举行，故又称"秋闱"。

第二章　苏门父子皆才俊

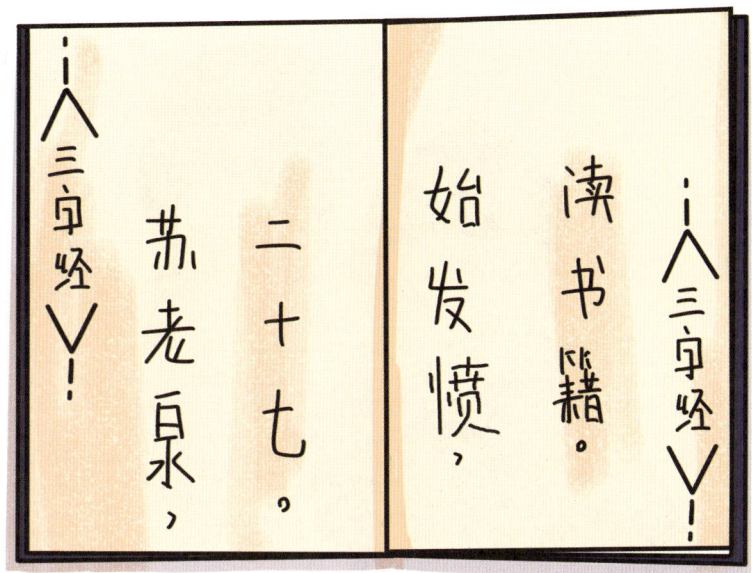

看看这些文章，实在太糟糕了，仿佛我这二十多年来从来没有读过书一样！"

于是，苏洵一咬牙，将这批旧文章一把火烧了个干净，然后，取出布满灰尘的《论语》《孟子》从头学起。自此，苏洵开始每天端坐书斋，日夜苦读。

古人在计算年龄时，常以虚岁计。若是生于正月前，则虚一岁；生于正月后，则虚两岁。故此，25岁时才开始苦读的苏洵在《三字经》当中留下了"苏老泉，二十七。始发愤，读书籍"的名句。

苏洵读书时特别专注，一旦读到兴头上，连饭都顾不上吃。有一次，苏洵又忘记了吃饭，程夫人悄悄为他端来几个粽子和一碟白

糖。等到中午程夫人进来收拾盘子的时候,发现粽子已经吃完了,可是糖碟却**原封未动**,这是为啥呢?原来,苏洵专心读书,竟然把砚台当成了糖碟,顺手将粽子蘸着墨汁吃了!苏洵沉浸于诗书当中,连自己吃的是什么都**浑然不觉**,其读书时的**专心致志可见一斑**。

苏轼出生以后,苏洵决心不让儿子再走自己的老路,于是,他嘱咐妻子对儿子严格要求,自己也时常抽查苏轼的功课。不过,苏洵深知孩子们在年少时不辨善恶,特别容易有样学样,而这时候,父母就是孩子们学习言行举止最好的模范和老师。于是,每当苏轼跟别的孩子在院子里玩闹时,苏洵就故意当着苏轼的面进入书房,再大打开书房门,拿出一本书**津津有味**地读。等孩子们好奇地来偷

第二章 苏门父子皆才俊

看父亲在干吗时,苏洵装出一副秘密被撞破的模样,连忙把书合上,藏到背后。

在苏洵精彩表演的诱惑之下,年幼的苏轼对父亲的书本产生了浓厚的兴趣。每当父亲不在身边时,他就会偷偷跑到父亲的书房,**如饥似渴**地阅读父亲的书。殊不知,自己落入了父亲的"套路"里。

北宋庆历三年(公元1043年),苏轼6岁。苏洵将儿子托付给了眉山天庆观北极院的道士张易简,让苏轼学了两年的道家经典。或许是因为在道观的这段学习经历,道家清净逍遥的精神也成了苏轼文学风格和为人处世原则的精神内核。苏轼最经典的传世画像之一,就是身着黄色道袍的读书人形象。

嘉祐初年(公元1056年),时年49岁的苏洵带着儿子苏轼和苏辙来到京城参加科举考试。

在考试之前,苏洵和苏轼、苏辙在朋友的建议下,一起去拜见**翰林学士**[2]欧阳修。欧阳修是当时的文坛领袖,与范仲淹等人被称为"四贤",声名远播。按理说,欧阳修这么多年来见过的人才也**有成百上千**了。可是,当欧阳修看了苏洵写作的《衡论》《权书》

② 翰林学士:古代官名。学士始设于南北朝,唐初常以名儒学士起草诏令而无名号。唐玄宗时,始置翰林学士,且翰林学士成为皇帝心腹后,常常被升为宰相。北宋翰林学士承唐制,仍掌制诰。此后地位渐低,然相沿至明清,拜相者一般皆为翰林学士之职。

《几策》等文章之后，居然立刻激动地大声称赞道："这几篇文章写得真是太好了！这么质朴深刻的文字，绝对能跟汉朝的刘向③、贾谊④相媲美呀！"

欧阳修立刻热情地与苏洵、苏轼和苏辙见了面。后来，欧阳修

③ 刘向：字子政，西汉文学家，曾经编订《战国策》等作品。
④ 贾谊：西汉初年著名政论家、文学家。鲁迅称之为"西汉鸿文"，代表作有《过秦论》《论积贮疏》《陈政事疏》等。其作品为汉赋的发展奠定了基础，后人也称他为"贾生"。

第二章 苏门父子皆才俊

又亲自整理了苏洵写作的文章,主动向当时的皇帝宋仁宗推荐苏洵免试为官。当时的公卿士大夫们一看自己的偶像欧阳修都向皇帝举荐苏洵了,便也开始争相传诵苏洵的作品,苏洵因而名声大振。

苏洵得到欧阳修强力推荐的第二年,他的两个儿子苏轼和苏辙同榜应考,双双金榜题名,创造了又一个文坛奇迹。当时,苏轼21岁,而弟弟苏辙刚满19岁。这下子,苏家的大名终于彻底轰动了京城文坛。当时的人们还口口相传着一句谚语:"苏文熟,吃羊肉;苏文生,吃菜羹。"意思是说,只要读书人能够认真研读"三苏"的文章,就能登科及第、享有富贵,天天吃羊肉(羊肉在北宋是达官贵人才吃得起的,也是身份地位的象征);要是没有读过"三苏"的文章,那就肯定考不上科举,只能喝菜汤,也就不能入朝为官、**光宗耀祖**了。由此也足以看出"三苏"在**人才辈出**的大宋京城里的顶级热度。

嘉祐三年(公元1058年),宋仁宗在欧阳修的建议下,破例召苏洵到舍人院⑤参加考试。然而,苏洵却上书推托自己生了病,没有应诏。苏洵当时究竟是否真的生病,在现有的史料之下已不得而知。我们只知道,直到嘉祐五年(公元1060年),一生颠簸的

⑤ 舍人院:官署名。北宋置,属中书。掌为皇帝起草诏令。宋神宗元丰改制后被废除。

苏洵才由韩琦推荐正式进入仕途,任秘书省校书郎⑥、霸州文安县主簿⑦。后来,苏洵与陈州项城县令姚辟奉命一同修撰礼书《太常

⑥校书郎:官名。掌校雠(chóu)典籍,订正讹误。东汉始置校书郎之职。北宋时,校书郎隶属于秘书省,故又有此秘书省校书郎之称。

⑦主簿:古代官名,是各级主官属下掌管文书的佐吏。魏、晋以前主簿官职广泛存在于各级官署中;隋、唐以后,主簿是部分官署与地方政府的事务官,重要性降低。

第二章 苏门父子皆才俊

因革礼》。这部书一共修撰了整整 6 年时间,直到治平三年(公元 1066 年)三月才正式编撰完成。同年四月,苏洵病逝。

　　苏洵的一生充满了坎坷,但他始终以平和的心态从容面对。两个儿子相继出生后,他给大儿子取名为"轼",小儿子取名为"辙",或许也蕴含着自己对儿子们的嘱托——轼,车前横木也;辙,车轮印迹也。轼与辙虽然不显山露水,但不可或缺,亦不会轻易被人妒忌、招来灾祸。

　　可惜,造化弄人,苏轼虽然少年成名、天纵英才,但是此后的人生也没有特别安稳过。不过,尽管苏轼的一生当中屡次遭到贬谪,

但是他没有忘记父亲苏洵当年的教导，无论到了如何荒凉的地方，苏轼都会想办法令自己享受当下，并努力用自己的所学为当地百姓做一点实事。

在苏洵的教导下，苏轼一生都贯彻着"如入火聚，得清凉门"的精神，无论世人如何毁誉，他都能遵循内心的想法，随心而动。所以，在熙宁变法备受热捧时，苏轼毅然选择了反对；而等到保守派上台时，苏轼看出了其中之弊，又不惜再次向朝廷提出谏议，为变法派说情。在个人生活方面，苏轼也不甚在意世人的眼光。

或许正是因为有了父亲在人生观、价值观方面的正确引导，才成就了苏轼和苏辙在后世的不凡美名吧。

苏轼比苏辙大两岁多，两个人从小在一起读书，感情特别深厚，后来又一同考上进士，同朝为官。苏辙提到哥哥时，说苏轼"扶我则兄，诲我则师"，意思是说苏轼既是生活上帮扶和照顾自己的兄长，也是教诲自己为人处世的老师，苏辙对哥哥苏轼的感激之情溢于言表。而苏轼在提及苏辙时说"岂是吾兄弟，更是贤友生"，意思是说苏辙不仅是自己的血脉兄弟，更是自己的至交好友。在中国文学史上，尽管苏辙也是颇为有名的文学大家，但是在哥哥苏轼的光环之下，苏辙的文学才华始终显得有些黯淡。唯有苏轼高度称赞弟弟的才华，甚至认为弟弟的文章胜过自己，只是因为世俗的人们无法理解苏辙在朴素文辞中蕴含的深刻哲理，才误以为自己的才华高于苏辙。

第二章　苏门父子皆才俊

在人生的前二十年里，苏轼与苏辙几乎一直陪伴着彼此，直到同科及第、入朝为官之后，苏轼和苏辙两个人才分开。自此之后，两个人因为各种原因，始终聚少离多。尽管苏轼与苏辙两个人的性格相差较大，一个旷达不羁，一个沉静内敛，但是兄弟两人在政治思想上却步调一致。一向收敛锋芒的苏辙在哥哥苏轼身陷危难时，却勇敢地站出来支持苏轼。即使后来苏辙因为受到哥哥的牵连而屡遭贬谪，他也始终不渝追随哥哥的初心，从来不曾对哥哥有过怨言。

生活方面，两个人也没有因为外界的压力而断了联系，几十年

间通信无数，始终保持着亲密的感情。苏轼一生屡遭贬谪，足迹几乎遍及大半个中国。他每到赴任之地，就会给弟弟苏辙写信赠诗，以报平安。据不完全统计，苏轼一生当中写作的以"子由"（苏辙，字子由）为题的诗、词有100多首，两人唱和的诗词和书信更是数不胜数。而苏辙在一生当中也写过很多思念哥哥的诗词和文章，其中以一首《怀渑池寄子瞻兄》最为著名。

嘉祐六年（公元1061年），远在异地为官的苏辙为了排遣思念兄长的心情，遥想当年与兄长同游渑池的经历，写下了一首《怀渑池寄子瞻兄》，寄给了身在远方的苏轼。

相携话别郑原上，共道长途怕雪泥。
归骑还寻大梁陌，行人已度古崤西。
曾为县吏民知否？旧宿僧房壁共题。
遥想独游佳味少，无方骓马但鸣嘶。

——苏辙《怀渑池寄子瞻兄》

苏轼当时正在赴任陕西的路上，途经渑池时，恰好收到了这首诗。苏轼看后也感触良多，于是提笔为弟弟写下了一首回赠诗。

人生到处知何似，应似飞鸿踏雪泥。
泥上偶然留指爪，鸿飞那复计东西。
老僧已死成新塔，坏壁无由见旧题。

第二章 苏门父子皆才俊

> 往日崎岖还记否，路长人困蹇驴嘶。
>
> ——苏轼《和子由渑池怀旧》

这首《和子由渑池怀旧》是苏轼写作的著名七律之一，既表达了苏轼对弟弟苏辙的思念之情，又寄托了自己对于人生无常的怅然感慨。

后来，苏轼在密州为官，七年不曾与弟弟苏辙相聚。在一个中秋月圆之夜，苏轼感慨于自己和弟弟两地为官、无法像寻常人家一样阖家团聚，便在酒醉之后，乘兴写下了一首思念苏辙的《水

调歌头·明月几时有》。

丙辰中秋，欢饮达旦，大醉，作此篇，兼怀子由。

明月几时有？把酒问青天。不知天上宫阙，今夕是何年。我欲乘风归去，又恐琼楼玉宇，高处不胜寒。起舞弄清影，何似在人间？

转朱阁，低绮户，照无眠。不应有恨，何事长向别时圆？人有悲欢离合，月有阴晴圆缺，此事古难全。但愿人长久，千里共婵娟。

——苏轼《水调歌头·明月几时有》

这首《水调歌头·明月几时有》是苏轼的经典词作之一。在词作的上阕，苏轼像李白一样把酒问月，仿佛乘风登空，潇洒之态跃然纸上。词作的下阕则从人间落笔，从天宫的琼楼玉宇、富丽冷清回到人间的朱阁绮户、悲欢离愁。在结尾处，苏轼又用寥寥几笔，将中秋夜的感慨之情升华为人生哲理的反思，令人回味无穷。情景交融，描写生动，又饱含哲理，这也是苏轼作品的特点之一。

第三章
一考成名天下惊

嘉祐元年（公元 1056 年），苏轼和弟弟苏辙在父亲的带领下，出川远赴京城应考。这是苏轼和苏辙第一次出远门，祖国的大好河山令他们**如痴如醉**。而京城的繁华富贵，更让苏轼与苏辙这俩没太见过大世面的乡下孩子倍感羡慕，当下立下志向——自己一定要留在京城。

在欧阳修、韩琦等大文豪的帮助下，原本**名不见经传**的苏洵率先打响文名。而在次年的科举考试当中，苏轼与苏辙更是名列前茅，彻底震惊当时文坛。

当时的科举主考官是文坛领袖欧阳修，副主考官则是大宋诗坛宿将梅尧臣①。人们经常会说一句话，"文人相轻"，意思是在文学上有所成就的人们往往心性高傲，很容易彼此看不起。而欧阳修和梅尧臣这两位"大教授"眼界更是高得很，不会轻易出言称赞他人的文学作品。

> 我这个人很严格。

年少轻狂的苏轼在应考**策论**②的时候，**倚马万言**，顷刻间就写成了一篇名为《刑赏忠厚之至论》的文章，论述朝政宽严并济之道。

① 梅尧臣：字圣俞，世称宛陵先生，宣州宣城（今安徽省宣城市宣州区）人。北宋著名现实主义诗人。因为得到了欧阳修的推荐，担任了国子监直讲、尚书都官员外郎等职务，故世称"梅直讲""梅都官"。

② 策论：在古时指议论当前政治问题、向朝廷献策的文章，宋代以来各朝常用作科举试士的内容之一。清末科举废八股文，用策论代替。策论的特点是以论点作为写作的中心。

第三章 一考成名天下惊

按照规定，策论文章当中必须要引用一个典故来证明观点，这就跟现在议论文的"举例论证"差不多。考场上的苏轼正在兴头上，忽然想举一个历史上的例子来论证自己的观点。可是他想了好一会儿，也没想到合适的历史典故。于是，他居然就自己编造了一个典故写进考卷中。

当尧之时，皋陶为士。将杀人，皋陶曰"杀之"三，尧曰"宥之"三。故天下畏皋陶执法之坚，而乐尧用刑之宽。

——节选自苏轼《刑赏忠厚之至论》

苏轼在文章中写（编）道：三皇五帝之一的尧帝[3]时期，尧帝任用皋陶[4]为士。当有人犯了死罪时，皋陶总是力主宁可错杀、不可放过，而尧帝则总是疑罪从无，宽恕疑罪之人。故此，当时的百姓纷纷敬畏皋陶执法严明，也称赞尧帝用刑宽厚。苏轼写此典故，

③ 尧帝：中国上古时期部落联盟首领、"五帝"之一。他在位时颁布时令，设置谏言鼓，开创禅让制先河，并禅让帝位于舜。
④ 皋陶（gāo yáo）：中国上古时期伟大的政治家、思想家、教育家，被史学界和司法界公认为中国司法鼻祖，与尧、舜、禹并称为"上古四圣"。

意在说明为政应该宽严并济，而不是一味追求慈政、仁政。

　　这篇文章清新不做作的文风和独到的政治见解很快令其在上百篇应考文章中脱颖而出。饱读诗书的欧阳修和梅尧臣都惊叹于苏轼文思敏捷，文笔老成。按理说，苏轼的文章当被列为第一名，然而当时考卷的评判是密不见名的，欧阳修在阅卷时，猜测这篇精妙绝伦的文章是自己的学生曾巩⑤所作。为了避免世人说他偏心，欧阳修就故意将这篇文章降了一等，于是，苏轼成了第二名。直到科举发

⑤曾巩：字子固，建昌军南丰（今江西省南丰县）人。北宋散文家、史学家、政治家，"唐宋八大家"之一。

第三章　一考成名天下惊

榜时，欧阳修才知这篇《刑赏忠厚之至论》并非自己的学生曾巩所写，而是出自一个颇有些"愣头青"性格的四川乡下小子——苏轼。

按照当时的风气，科举及第的人就算作主考官的学生，按例应到主考官的府上拜谒老师。因此，苏轼也去了欧阳修和梅尧臣的府上。

关起门来后，欧阳修才终于忍不住问起了苏轼："你那篇考试的文章我很喜欢，私下里也读了很多遍。我很欣赏你的政治见解，不过，你在文章中引用的尧帝与皋陶的典故是哪本史书记载的呢？我怎么一直找不到出处呀？"

苏轼**满不在乎**地说："哦，正常。您要是能找到出处那还奇怪了呢。因为那个典故是我编的。"

接着，苏轼在欧阳修的**瞠目结舌**之下，慢慢地解释说："我看史书中的尧帝为人宽厚，而他的司法官皋陶却用刑严格，所以，我估摸着在尧帝执政时期，应该会发生这样的事，所以就这么编了。"

在梅府上，苏轼面对梅尧臣相同的疑问，也做了同样的回答。在当时，科举应试的规则甚为严苛，一字一句都需有出处、有依凭。苏轼这么坦荡地承认了自己杜撰典故，要是碰上苛刻较真的主考官，估计当场就把他考取的功名给取消了。然而，欧阳修和梅尧臣听了苏轼的解释之后，却都**不约而同**地对苏轼的机敏灵活大加赞扬。一向不爱轻易夸奖后辈的欧阳修这次更是逢人就称赞说，苏轼这后生善于把史书经典读透，又能够有自己独特的思考和见解，日后一定会成大器。

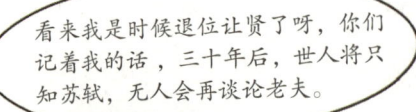

> 看来我是时候退位让贤了呀，你们记着我的话，三十年后，世人将只知苏轼，无人会再谈论老夫。

> 不不不，您太谦虚了，我还要向您多学习。

在当时，京城的钟鼎之家都紧盯着科举榜单上的青年才俊。若是富贵人家里有未出阁的小姐，必然会想办法托人向科举及第的才俊们提亲，甚至是皇亲贵胄也有此例。对于女方来说，嫁给即将富贵显达的及第之士是保住家族富贵的最快捷方式。对于男方来说，迎娶一位出身京城的富贵小姐也是他们迅速打入京城圈内部、踏上仕途之路的大好方法，真可谓**一举两得**、**皆大欢喜**。而苏轼与苏辙年纪轻轻就科举高中，又因欧阳修等人的推荐而名震京师，自然也得到了许多世家小姐们的青眼。这对于出身草根的苏轼来说，可谓攀龙附凤的绝佳机会。可是，作为大宋第一"愣头青"的苏轼却偏

第三章 一考成名天下惊

偏把这送上门的好事给拒绝了。

原来，苏轼在出川应考之前，就已经跟来自眉山青神的王弗⑥结婚了。

王弗跟苏轼同为四川眉山人，两个人算是青梅竹马。王弗饱读诗书，颇有才名，甚至能与苏轼以词唱和。两个人的婚后生活也特别和谐，恩爱有加。以至于后来王弗因病去世，苏轼这个高产作家甘愿为其辍笔三年，这期间一篇新作也没有写过。王弗去世十年后，

持证人：苏轼
结婚证字号：
5201314

持证人：王弗
结婚证字号：
5201314

⑥ 王弗：苏轼的结发之妻，四川眉州青神（今四川省眉山市青神县）人，幼承庭训，颇通诗书。16岁时嫁给苏轼，堪称苏轼的得力助手，可惜因病早逝，年仅27岁。

苏轼还写了一首哀婉沉痛的悼亡词《江城子·乙卯正月二十日夜记梦》。

咱们再说回苏轼刚考中科举的时候。

当时，苏轼与苏辙同时科举及第，正要在官场上大展身手时，四川老家却突然传来了苏妈程夫人病故的消息。按照当时传统，苏轼与苏辙立刻随父回乡奔丧。守丧期满之后，苏轼才跟苏辙重回京城。嘉祐六年（公元1061年），苏轼再次考中制科试，正式入朝为官，受封大理评事、签书凤翔府判官。

按说，既然已经入朝为官，苏轼就应该学着收敛一下自己的张扬性子，开始沉稳做人了。然而在凤翔，苏轼的"狂气"一点儿也没有收敛。

任凤翔府判官时，苏轼为当地百姓做了不少好事，时人称赞其为"苏贤良"。年轻的苏轼在政治上有了一些作为，就越发看不惯自己的四川眉山老乡兼顶头上司、凤翔太守⑦陈希亮⑧，认为其一

⑦ 太守：秦汉时对一郡的最高行政长官的尊称，又称郡守。直到隋初废郡设州，才改以州刺史代替郡守之任。此后，太守不再是正式官名，而是用作一州刺史或知府的别称。

⑧ 陈希亮：字公弼，北宋时期眉州青神人，祖籍京兆（今陕西西安市）。他为官30余年，清正廉洁，疾恶如仇，为百姓称颂。后因辛劳过度而逝世，享年64岁。

第三章 一考成名天下惊

副官僚做派，尸位素餐，是个碌碌无为的人。于是，他不仅没有像其他初入仕途的年轻官员一样，见到官场的老前辈就恨不得扑上去"抱大腿"，反而故意写了很多诗词和文章，明里暗里地讽刺陈希亮等官员。

陈希亮深知过誉对年轻人的发展没什么好处，再加上他这个人本身也是直脾气，于是在听说了百姓们对苏轼的称赞之后，陈希亮不仅没有表扬苏轼，反而对苏轼要求更严。当时凤翔府的公文多出于苏轼之手，陈希亮每次读到苏轼写的公文时，都会毫不客气地挥笔删改，让苏轼来回修改个好几遍才算罢休。苏轼也毫不留情地予

> 这篇写得不行，回去重写。

> 陈希亮是吧？看我不怼死你！

以还击，先是写诗讽刺陈希亮仗着年老摆"官架子"，后来甚至直接拒绝出席陈希亮举办的宴会，仿佛与他同处一室都会过敏，陈希亮居然也不记恨。

其实，陈希亮久闻苏轼的才名，知道苏轼是不可多得的人才。有一年，他在府内修了一座高台，取名"凌虚台"。为了彰显门楣，陈希亮破例放下身段，发帖请苏轼为此台写一篇文章，好刻在石碑上留念。

在当时，向有名的文人雅士求取碑文乃是第一风雅事，就跟现在很多有钱人购买名人画作一样，都是可以拿来装点门面的。在许多混迹官场的年轻人看来，这本是一个可以讨好上司的好机会，然而，苏轼因为向来看不上陈希亮，便故意在写给陈希亮的文章当中讥讽他的无能，甚至写出了"物之废兴成毁，不可得而知也""夫台犹不足恃以长久，而况于人事之得丧，忽往而忽来者欤"之类的不敬之言。别的不提，单看这两句当中的"废""毁""丧"几个字眼，也能猜到苏轼在写给陈希亮的这篇文章里没说几句好话了。

苏轼本以为陈希亮会因此**大发雷霆**，没想到陈希亮读后居然丝毫没有生气，还命工匠一字不漏地刻于石碑上。后来，苏轼思来想去，终于有些惭愧了。他有感于陈希亮的大度，便又作了一首《凌虚台诗》，以此来为自己的狂傲道歉。而陈希亮也接受了苏轼的道歉，从此开始认真教授苏轼为官从政的方法。四年后，苏轼任职期满，回京复命，改任他职。

苏轼在晚年被贬黄州时，才听闻早年的诤友恩师陈希亮早已病

第三章 一考成名天下惊

> 恩师,那时我年轻不懂事,对不住了。

> 知错就改还是好同志。

逝多年。于是,他主动破例为陈希亮立传,以表悼念之情。

在提到年轻时的这段经历时,苏轼认真地反思了自己的年少轻狂:

轼官于凤翔,实从公二年。方是时,年少气盛,愚不更事,屡与公争议,至形于色,已而悔之。

——节选自苏轼《陈公弼传》

第四章
通判方知民间苦

熙宁四年（公元1071年），34岁的苏轼出任杭州通判①。

在北宋一朝，州府除知州一职外，还另外设置了一到两个副官加以辅佐，这就是"通判"。"通判"是北宋朝廷新创的官职，主要负责廉政监察工作，也协助主官负责一些政务。

宋朝的地方官员基本都住在朝廷分配的府邸里，办公的地方也是专门安排好的，既要方便官员往来，又要有利于官员**修身养性**——毕竟当时绝大部分官员都是文人，对住房和办公场所的环境要求比较

① 通判：官名。掌管粮运、家田、水利和诉讼等事项，对州府的长官有监察的责任。

第四章 通判方知民间苦

高。杭州官员们的办公场所就在一处**依山傍水**的好地方，南可眺望钱塘江，北可一览西湖景。

苏轼到任杭州之后，每天上班只要抬头就能看到西湖山色，下班之后，他只要绕几条路就能去游览钱塘江。这令他非常开心。在杭州的这段日子，苏轼也碰到了一个好上司，他就是杭州太守陈襄[2]。苏轼本来就是一个特别善于交朋友的人，陈襄也特别欣赏苏轼的才

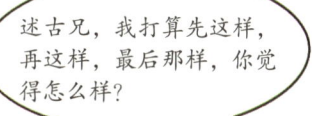

> 巧了，我也是这么想的！

> 述古兄，我打算先这样，再这样，最后那样，你觉得怎么样？

[2] 陈襄：字述古，因居古灵，故号古灵先生，北宋理学家，"海滨四先生"之首，仁宗、神宗时期名臣。

学，对苏轼提出的很多政见都深以为然。就这样，二人**一见如故**，很快组成"苏陈组合"，在杭州做出了不少成绩。

杭州素来富庶，但由于西湖中泥沙长年淤积，城市里的普通人家连喝到干净的水都非常困难。因此，民间常有时疫爆发。"苏陈组合"听说这件事后，立刻赶赴疫情第一线，向当地百姓问明情况之后，立刻下令拨款修整水井，并深挖水槽、彻底修缮原有的引水系统，解决了城郊老百姓的水源问题。此后，城郊百姓再也不用担心水源问题，杭州漕运也因此大大提高了效率。对于这件事，苏轼在《钱塘六井记》中如此记述：

熙宁五年秋，太守陈公述古始至，问民之所病。皆曰："六井不治，民不给于水。南井沟庳而井高，水行地中，率常不应。"公曰："嘻，甚矣，吾在此，可使民求水而不得乎！"乃命僧仲文、子圭办其事……于是发沟易甃，完绠罅漏，而相国之水大至，坎满溢流，南注于河，千艘更载，瞬息百斛。

——节选自苏轼《钱塘六井记》

在杭州，苏轼也负责一些刑狱断案的工作，判案也颇有文人特色。某一天，杭州的一个扇子商人向一个绸缎商人借了价值大约两万钱的绸缎用来做扇子，然而到了约定还钱的时候，扇子商人却说自己没钱。于是，绸缎商人将扇子商人告上了衙门。

苏轼听明白案情之后挺生气："欠债还钱，**天经地义**。绸缎商

第四章 通判方知民间苦

人是因为信任你才会借绸缎给你，你怎能辜负人家的信任呢？"

扇子商人赶紧辩白："不是小民不想还钱，只是因为家父不久前刚刚去世，家中为丧葬奠仪已经花了一大笔钱。再加上最近气候反常，终日下雨，天气凉爽，扇子一直卖不出去，所以我才没办法按时还钱呀。"

苏轼一想，他不还钱也确实是不得已之举，若是自己判处扇子商人立刻还钱，保不齐会把他逼到绝路上。可是，如果绸缎商人不能按期拿到欠款，不仅于理不合，于情而言，他们一家人的生活可能也会受到影响。这可怎么办呢？于是，他思来想去，决定用自己身为大宋"文坛大V"的影响力，帮助扇子商人把滞销的扇子卖掉换钱。

苏轼让扇子商人从家里取来二十多把扇子，他在扇面上逐一挥毫作画，又在落款处题上自己的名字。随后，他对扇子商人说："你现在就去市场上卖扇子吧，只要说这些扇面字画都是出自我手，一把扇子就至少能卖到一千钱。不过，你凑够欠款即可，绝不能趁机抬价谋私。"扇子商人**千恩万谢**，依言而行，果然当天就凑齐了两万钱，顺利偿还了绸缎商人的欠款。苏轼断案的宽严并济、情法兼顾，由此可见。

可能是因为这个故事太具有戏剧性，后来，苏轼画扇面的这个故事又被后人几次修改，安在了纪晓岚、乾隆皇帝等一众名人的身上，画扇面就这样成了才子的"标配"。

在杭州的这段日子也是苏轼仕途中最意气风发的日子。这几年，

悬高镜明

> 我给你苏轼"商标"代理权，不收你版权费。

> 你真是我的偶像！

正值盛年的苏轼声名远播，慕名而来只为见偶像一面者数不胜数。某日，苏轼和几位朋友在西湖边饮酒闲聊，忽然看见一艘画舫划过，缓缓靠近岸边。接着，从画舫里走出一位如仙女般清丽温婉的美貌女子，她朝着苏轼等人低眉作揖，不等众人搭话，就吩咐小童取出一把古琴来演奏了一曲。

曲毕，那女子对苏轼开口说："小女子自幼就仰慕苏大人，您的诗文我都读过，只可惜一直无缘与您见面。小女子即将嫁人，原本不该抛头露面，可是听说您今天会来西湖边游玩，小女子实在忍

第四章 通判方知民间苦

我见到偶像啦！

不住，冒昧前来见您一面，为您献上一曲，以了却多年夙愿。"

说罢，女子又作一揖，返回画舫。画舫调头，不一会儿就消失在湖山深处，仿佛刚才的相遇只是一场梦境。然而，西湖的山水之间隐约飘荡的一缕琴音，却又分明说明刚才的一切是真实的。面对这么有才华又痴情的"粉丝"，苏轼颇为动容。于是他回到家中，特地将这次偶遇写成了词。

凤凰山下雨初晴，水风清，晚霞明。一朵芙蕖，开过尚盈盈。何处飞来双白鹭，如有意，慕娉婷。

忽闻江上弄哀筝，苦含情，遣谁听。烟敛云收，依约是湘灵。

欲待曲终寻问取，人不见，数峰青。

——苏轼《江城子·江景》

    苏轼这一次在杭州宦游约三年。在杭州，还有之后的密州、徐州，苏轼把自己年轻时代的狂傲性子酿成了如烈酒般的疾恶如仇。他同情**无依无靠**、生活飘摇的百姓，对奢侈糜烂的官场极为蔑视。他关注生活在社会最底层的贫民生活，替监狱里的无辜犯人主持公道，为无衣无食的孤寡老人伸手援助。当同时代的文人墨客徜徉于田园、寄情于山水时，他虽也写田园山水，但用更多的笔锋狠狠揭露社会现实。当朝堂之上的大臣们都在高歌变法和盛世时，他却写诗直言当下的百姓"汗流肩赪载入市，价贱乞与如糠粞。卖牛纳税拆屋炊，虑浅不及明年饥""人如鸭与猪，投泥相溅惊"。

    诚然，苏轼渴望入朝为官，得到朝廷的重用，于是他在词中写道："持节云中，何日遣冯唐？"同时，他不畏强权、**仗义执言**的性格令当权者格外忌惮。后来，一些视他为眼中钉、肉中刺的当权者，从他的文章中"鸡蛋里挑骨头"，断章取义，嫁祸于他。这些抨击时政、关注民生的诗词作品成了"乌台诗案"的罪证，而苏轼也由此迎来了自己人生中的重要转折点。

第五章
文坛"顶流"的情仇

说到苏轼的人生,可以用八个字来概括,那就是"起、落、落、起、落、落、落、落"。

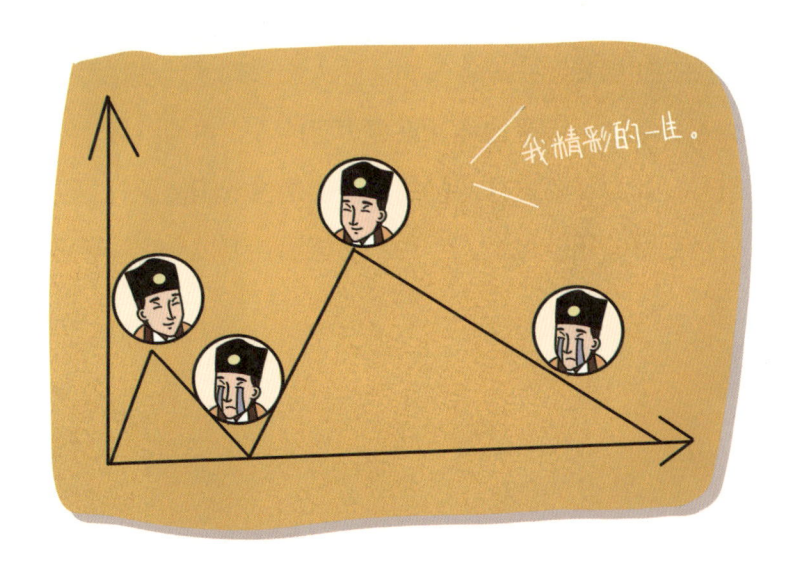

北宋一朝有过贬谪经历的名臣其实很多，比如范仲淹、欧阳修、王安石①、司马光……然而，要说被贬得最远、经历最惨的，非苏轼莫属。苏轼被贬赴任的足迹，踏遍了大半个中国。而与苏轼宦海沉浮关系最直接的一个重要人物，就是北宋的另一位大文学家、改革派领袖王安石。

王安石与苏轼一样都是少年成名，从小就聪颖过人，不仅诗词歌赋样样精通，还写得一手好书法和好文章，同为"唐宋八大家"之一，王安石与苏轼一样，也都有远大的政治抱负，希望在仕途上一展拳脚。他俩的成名之路也有相似之处，那就是都与欧阳修有关。只不过，王安石比苏轼年长十来岁，出名和做官也比苏轼更早。

天下读书人那么多，大家都想在那个文人辈出的时代里获得崭露头角的机会。但参考的文人太多，"出道位"只有那么几个，这可咋分配呢？北宋还有一个不成文的规则，就是书信举荐——你来找我举荐你，如果我还认识名气更大的人物，那我就帮你写一封书信，把你推荐给他。若是他还认识更厉害的人，也会继续写信，层层向上推荐。如果没有这样的门路，即便是像欧阳修这样平易近人且喜欢提携后辈的"文坛大V"，也不可能沿街派发"伯乐号码牌"。

① 王安石：字介甫，号半山，北宋著名的思想家、政治家、文学家、改革家，世称王文公，"唐宋八大家"之一，著有《临川先生文集》。

第五章　文坛"顶流"的情仇

苏轼、苏辙和他们的老爹苏洵都是经由当时的名儒写信推荐给欧阳修的，而王安石则是由欧阳修的学生曾巩直接推荐给欧阳修的。王安石认识欧阳修的时候才16岁，比苏轼见欧阳修时的年纪还小。文坛巨子欧阳修在读了王安石的文章后，同样也是大为赞叹，认为王安石将来必成大器。

然而，与苏轼不同的是，王安石没有像苏洵和程夫人一样热爱读书、又密切关注子女健康成长的好父母。王安石在17岁时就失去了父亲，家境也不算特别好，几乎全部靠自学。或许是因为童年受挫太多，成年之后的王安石特别坚毅，不惧流言，不怕打击，不达目的誓不罢休，执着到了固执的程度，遇到事情总爱"钻牛角尖"。因此，王安石当上宰相之后，时人便戏称他为"拗相公"。

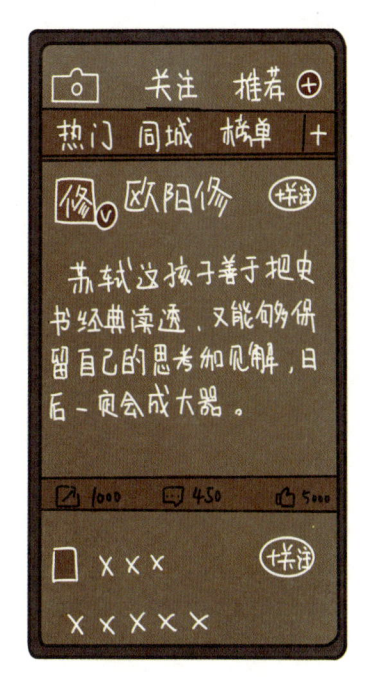

同样也是在20多岁时，王安石以全国第四名的好成绩高中进士，入朝为官。虽然这个成绩不及苏轼（名为全国第二、实为全国第一），但是也足以担得起"学霸"二字了。后来，王安石历任多地的地方官十几年，始终保持着勤政爱民的初心。彼时的王安石与后来进入官场时的苏轼一样，政绩斐然，在民间积累了很高的声望。

给孩子看的苏轼传

只是由于性格迥异、政见不同,再加上造化弄人,他们才成了彼此最头疼的对手。

嘉祐六年(公元 1061 年),苏轼守孝期满,回到京城参加制举。而王安石恰好是这一场考试的考官之一。在应试文章中,意气风发的苏轼再出奇妙论点,**毫无保留**地提出了自己对朝政的独到看法,其中有不少令人**耳目一新**的观点。然而,苏轼的这些观点却引起了王安石的忌惮。

原来,早在三年前,王安石进京述职时曾经写了一篇长达万言的《上仁宗皇帝言事书》。在这篇万言书中,王安石系统地阐述了

第五章 文坛"顶流"的情仇

自己任地方官多年的经历和认识,并向当时已到暮年的皇帝宋仁宗提出了以"富国强兵"为主要目的全面变法的主张。可惜,宋仁宗刚刚经历了"庆历新政②"的惨痛失败,神思倦怠,身体也不算太好,精神上更是对"变法"这两个字颇为恐惧。于是,宋仁宗对王安石的变法主张"**视而不见**"。

一身抱负不得施展的王安石,本就担忧自己的变法主张不被皇帝采纳、同僚认同,而风头正盛的苏轼的策论内容,桩桩件件都与他的主张**截然相反**,他自然很不高兴,心怀忌惮。于是,当京城的文人墨客几乎都在交口称赞苏轼的才名时,王安石却跳出来批评苏轼的清丽文风,只不过是战国时代诸子百家文章的仿品,直言其文章"全类战国文章"。

由于宋仁宗忌惮新法,为了避祸,王安石只能自请出京为官,暗暗等待**东山再起**的时机。直到治平四年(公元1067年),他的"第一迷弟"赵顼继位,是为宋神宗,他才等到了机会。宋神宗素来不满于国家的**积贫积弱**,对王安石的变法主张特别感兴趣。所以,神宗皇帝上任之后的第一件事就是把王安石调回京师为官。熙宁二

② 庆历新政:庆历年间,宋仁宗采用范仲淹、富弼、韩琦等人提出的改革主张,施行新政。由于新政触犯了贵族官僚的利益,改革只持续了一年四个月便宣告失败。范仲淹、韩琦、富弼、欧阳修等人相继被排挤出朝廷,各项改革也被废止。

给孩子看的苏轼传

大宋实时热搜榜
1. 王安石 苏轼 爆
2. 苏轼文风 沸
3. 王安石挤走苏轼 热

年（公元1069年），宋神宗任命王安石为**参知政事**③，全权负责变法事宜。次年，宋神宗又擢升王安石为**同中书门下平章事**④，位同宰相，可谓"一人之下，万人之上"。"熙宁变法"的历史大变

③ 参知政事：中国古官职名。本为临时职位，宋代时为了削弱相权而设置了中书门下，此后参知政事变成了一个常设官职，位同副宰相。

④ 同中书门下平章事：简称同平章事。初用于唐太宗时。中书、门下二省本为政务中枢，同中书门下平章事即与中书、门下协商处理政务之意，位同宰相。

第五章 文坛"顶流"的情仇

局终于拉开了帷幕。

当时,王安石已经47岁了。在官场憋屈了十几年,攒下了不知多少力气,如今一朝得以舒展,他当然恨不得立刻做出一番成绩来给年轻的皇帝看一看。于是,他**大刀阔斧**地变法革新,全然不顾既有的祖宗礼法、规章制度。

为了能让王安石的变法措施得到顺利推行,宋神宗还设置了专管国家财政大权的"制置三司条例司",这相当于国家的"钱袋子"也由王安石掌管。

王安石一时成为北宋朝廷的"顶流"。他相继颁布了农田水利法⑤、保甲法⑥、保马法等多项法令。最后,王安石甚至将改革的利刃伸向了科举制度,下令废除了以诗赋词章取士的旧制,进士科的考试以经义和策论为主,增加法科,专考律令、断案等。这项措施看似废除了时下**华而不实**的学术风气,却跟王安石的其他变法措施一样**操之过急**,很容易动摇国家根本。于是,王安石的豪情和冒

⑤ 农田水利法:北宋鼓励农民兴修水利、耕种荒废土地的措施,是王安石变法措施之一。在此法令颁布之后的七年内,全国兴修的水利工程达一万多处,灌溉民田36万多顷。

⑥ 保甲法:王安石变法措施之一。其规定乡村住户每十家组为一保,五保为一大保,十大保为一都保。以住户中最富有者担任保长、大保长、都保长。该措施的目的是防止农民暴动,并节省军费。

进终于彻底激怒了朝廷中的保守派官员。其中，就包括幼时砸缸救伙伴的司马光。而初入仕途的苏轼对王安石的激进措施也是极力批判和抵制。

苏轼上书宋神宗，直言王安石新法存在诸多弊病。其他的保守派大臣，如司马光等人也纷纷上书皇帝，坦言王安石变法操之过急。这下子，即便身为王安石的"头号粉丝"，宋神宗也不得不认真考虑保守派大臣们的意见了。于是，宋神宗召见了苏轼，并有意让他同入中书门下，协助王安石修改朝廷颁布的新法条例。

王安石一听到"苏轼"这个名字，立刻想起了在科举考场上与苏轼的"初遇"。于是，他拜见皇帝，竭力阻拦对苏轼的重用。

同年，苏轼被任命为国子监举人考官。苏轼"狂"气未改，他有感于当时的变法风气，居然就在皇帝的眼皮子底下大胆出了一道以历史上君主独断导致天下兴亡为题干的策论题目，引得宋神宗大为不悦。王安石便趁机对宋神宗说："苏轼这个人虽然有才华，性格却太过狂傲，对待他这样的人必须像对待烈马一样，让他忍饥挨饿，接受现实的鞭打，他才能服帖。"宋神宗接受了王安石的提议，不久后，苏轼便被贬为杭州通判。后来，苏轼又几经贬谪，几乎次次都与以王安石为首的改革派和以司马光为首的保守派的**明争暗斗**有关。

然而，抛开政见不同，苏轼与王安石却是互相欣赏的。

元丰二年（公元1079年），苏轼因"乌台诗案"而入狱。改革派官员纷纷上书皇帝，请求对苏轼予以重处。虽然北宋王朝几乎

第五章 文坛"顶流"的情仇

> 苏轼这人不行,需要接受一下社会的历练!

> 你说得对!

没有过斩杀文臣的先例,然而苏轼这次触怒的偏偏是皇帝,再加上改革派人的"**添油加醋**""**捕风捉影**"二连击,苏轼也不免担心自己会就此殒命。

苏轼身处狱中时,由于没法及时了解外界的消息,便与自己的大儿子**苏迈**⑦约定:苏迈每天派人给苏轼送饭时,若是无事,便只送蔬菜和肉食;若是皇帝判处了苏轼死刑,便送鱼。有一天,苏迈

⑦ 苏迈:字维康,眉州眉山(今四川眉山)人,苏轼长子,生母为苏轼的第一位妻子王弗。

因有事忘记嘱咐仆人送什么饭，仆人便将厨房做好的一条熏鱼送到了牢里，着实把苏轼吓了一跳。

苏轼本以为自己这次凶多吉少，没想到，最终救他一命的却是之前恨不得把他贬到银河系之外的王安石。王安石上书宋神宗，直截了当地说："世人都说咱们大宋现在是太平盛世，哪有在太平盛世斩杀有才之人的道理呢？"宋神宗听后终于对苏轼网开一面，下诏贬其为黄州团练副使。

苏轼在黄州待了整整四年，直到元丰七年（公元1084年），苏轼才离开了偏僻穷困的黄州。此时的王安石早已归隐钟山，不问政事，整个大宋的朝政几乎被王安石过去举荐的吕惠卿[8]等人把持，被他们搞得乌烟瘴气。

在奔赴汝州的途中，苏轼拜见了王安石。这一年，苏轼47岁，王安石63岁。两个争斗了几乎半辈子的人终于在金陵见面了。初见时，王安石和苏轼互不相容、唇枪舌战；再见面时，两人都双鬓斑白，相视而笑，恩仇自消。

笑归笑，该怼的时候还是要怼。只是这一次，二人之间只有闲

⑧ 吕惠卿：字吉甫，号恩祖，北宋宰相，政治改革家。原本和王安石情同师徒，后因事生恨极力打击王安石。

第五章 文坛"顶流"的情仇

> 好久不见！

> 好久不见！

情，没有政论。

金陵渡口，**风尘仆仆**的苏轼远远就望见了王安石，赶紧下轿作揖，笑着说："对不起，我今天穿着山野村夫的粗布衣服就来拜见上官啦！"

王安石也笑了，从骑着的驴子上下来："咱们之间还用这么客气吗？"

苏轼发动毕生修炼的嘲讽技能："当然得客气了，毕竟，您一直看不上我的学识，您当年的领导班子也没有用得着我呀。"

王安石自知理亏，只好憨笑说："行了行了，说不过你。咱们去看风景吧。"

后来，苏轼还专门写了一首诗送给王安石，"嘲笑"王安石年老志衰。

骑驴渺渺入荒陂，想见先生未病时。
劝我试求三亩宅，从公已觉十年迟。

——苏轼《次荆公韵四绝》

你糊涂了吧！

我觉得应该废除的不是新法，而是新法中的弊病！

第五章 文坛"顶流"的情仇

即将步入"知天命"之年的苏轼仍然对朝政之弊**直言不讳**。他对王安石直言时下朝廷接连用兵和屡兴大狱的不妥，认为"大兵大狱"是盛世走向衰亡之兆，并希望王安石能够给皇帝上书进谏。王安石寻思着自己已经辞官归隐，按理说不该再言政事，于是便要推辞。苏轼却说："在朝则言，在外则不言。这只是侍奉君王的常礼。可是咱皇上跟你是一般君臣吗？他可是你的'第一迷弟'呀！皇帝待你并非以常礼，你又岂能以常礼来报答皇上呢？"

王安石被怼得**哑口无言**，一腔被岁月晾凉了的血液又滚烫起来。他激动地握住苏轼的手说："你说得对，我一定要面见皇上，直言时政之弊！"

之后，苏轼又留在金陵数日，与王安石度过了几天执酒论道、吟诗作对的逍遥日子。后来，王安石送走苏轼，才终于说出了那句迟到了二十多年的赞语："不知更年几百，方有如此人物！"

元丰八年（公元 1085 年），宋神宗驾崩，年仅 10 岁的太子赵煦继位，是为宋哲宗。次年，王安石去世。一代"改革二人组"就此落幕。

王安石去世时，朝廷为了给逝者一些颜面，便追赠王安石"太傅"之名。这份追赠恩典的诏令恰好是由苏轼奉命起草的。他在这篇《王安石赠太傅制》中坦诚又动情地称赞王安石：

其名高一时，学贯千载。智足以达其道，辩足以行其言，瑰玮之文足以藻饰万物，卓绝之行足以风动四方。用能于期岁之间，靡然变天下之俗。

——节选自苏轼《王安石赠太傅制》

虽然王安石与苏轼在官场上争斗了大半辈子，然而到头来，当世最懂得他们的、最认可他们的、最能激励他们的也是他们彼此。这或许就是所谓的"亦敌亦友"吧。

第六章
乌台诗案绝处生

在苏轼起起落落的一生中,"乌台诗案"是一个重要的转折点。作为当时王安石变法的反对派代表人物,苏轼虽然早有才名,却在以新党为主流的朝堂上饱受排挤,一腔抱负无处施展。无奈之下,

你们闹吧,我走了!

苏轼自请调往地方为官,**眼不见为净**。

于是,在之后的十几年里,苏轼先后担任了杭州通判及密州①、徐州、湖州②的知州。在北宋一朝,"知州"这个官职相当于省长,是不小的官。若是苏轼能就此学会藏匿锋芒,或许就不会有之后的一贬再贬。

然而,苏轼偏偏就是那个不愿意默默低头的人。即便身处黑暗中,苏轼也迫切希望自己能够成为"夜空中最亮的那颗星"。

在地方为官期间,苏轼常常关注民生民情,因此发现了王安石变法的许多问题。为了表达不满之情,他写了不少抨击社会现实的诗词文章。然而,此刻的他还不知道,自己在日后会因为这些作品差点儿惹上杀身之祸。

元丰二年(公元1079年),43岁的苏轼被调任湖州知州。上任后,他按照当时朝堂上的惯例,给宋神宗上了一道《湖州谢上表》。这是最基本的公文,已经为官数十年的苏轼按理说不会写错什么,可是他偏偏把这封谢表当成了宣泄内心情绪的出口,在文章

① 密州:即现在山东省东南的诸城,是一座拥有4000多年历史文化的城市。
② 湖州:地处浙江省北部,是一座具有2000多年历史的江南古城。

第六章　乌台诗案绝处生

中明里暗里发了不少牢骚。而这些牢骚话，恰好给了一直视苏轼为眼中钉的改革派大臣们一个绝佳的把柄。

当时，朝堂上已经发生了不小的变化。曾经被王安石举荐为官的吕惠卿等人为了利益出卖了恩师，逼迫王安石辞相归隐。朝堂大权已经由这类改革派大臣把控。苏轼这个时候在谢表里发牢骚，实在是不合时宜。

在这篇谢表当中，苏轼写自己"愚不适时，难以追陪新进""老不生事或能牧养小民"，其中的"新进"两个字显然指的是朝廷里的改革派，而"生事"两个字更算不上什么好话。于是，改革派大臣们发动**牵强附会**的技能，热情地给苏轼免费发了好几顶"高帽子"，说他在这篇上表当中藐视朝廷、**妄自尊大**，很明显是对朝廷心怀怨

恨,大有对皇帝不忠之嫌。

单凭苏轼《湖州谢上表》里的一两句话显然不足以让皇帝彻底下杀心。毕竟,早在北宋开国之时,宋太祖赵匡胤就曾颁布诏令,皇帝绝不能杀有学之士。于是,改革派们就开始到处搜罗苏轼的罪状。很快,他们就找到了新的"证据"——《元丰续添苏子瞻学士钱塘集》。这本书是苏轼彼时刚刚出版的诗词集,书中收集了苏轼外放为官十几年来创作的大量诗词,内容庞杂。就这样,改革派大臣们紧急恶补苏轼的诗词,硬是把这部诗词集研究得<u>滚瓜烂熟</u>,终于找到了几处可以给苏轼定"罪"的字眼。

在这场令人惊骇的文字狱当中,首先上场发难的是北宋著名文

第六章 乌台诗案绝处生

学家、科学家、《梦溪笔谈》的作者沈括。沈括属于勤奋型的学霸，自幼苦读诗书，在数学、物理、化学、天文方面均成就突出，"石油"一词，就是由他最早提出的。沈括出生于 1031 年，比苏轼大 5 岁多。公元 1065 年，二人同在崇文馆任职，交情不错。但两人的政治理念却大相径庭，在熙宁变法中，沈括与以王安石、吕惠卿为代表的新党站在了一起，苏轼则与以司马光为代表的旧党站在了一起。

公元 1073 年，沈括被派遣到江浙一带巡查农田水利。这时，恰好苏轼在杭州任通判。沈括临行前向宋神宗辞行，神宗对沈括说："苏轼通判杭州，卿其善遇之。"沈括后来果然按照宋神宗的圣谕对苏轼"格外关照"。他乡遇故知，苏轼好不开心，两人把酒言欢，畅叙旧情。苏轼把自己的新诗拿出来"显摆"。沈括看到其中一些诗句，仿佛对新法和皇帝有"指桑骂槐"的嫌疑，便请苏轼把这些诗文送给他。沉浸在旧友重逢中的苏轼没有多想，就把近期所作的许多诗词，包括后来授人话柄的《山村五绝》《吴中田妇叹》等均亲笔誊写一份给沈括。

沈括不愧于"文字捕快"的称号，一回京城，立刻在苏轼的诗文中找寻贬低和"诽谤"新政的句子，加以详细"注释"后迅速呈给王安石、宋神宗等，并说苏轼这些诗句"词皆讪怼"，如何居心叵测，如何恶意诽谤新政、藐视朝廷、讽刺皇上等等。沈括此举，本想取媚王安石和皇上，可没料到王安石竟置之不理。日久见人心，此时的王安石已经改变了对沈括的看法，他对神宗说："沈括是个两面三刀的小人。"沈括的谗言并没有起到作用，其后苏轼还由副

职异地升了正职——升为湖州等地的知州、太守。

乌台诗案中，监察御史台里行③舒亶④也是迫害苏轼的"急先锋"。为了打好"第一枪"，他把自己关在家里，苦心钻研苏轼诗词整整四个月，终于找到了几首苏轼的所谓"反诗"，于是立刻上奏弹劾苏轼。

> 我就不信，找不到你苏轼的错处！

> 欲加之罪，何患无辞！

③ 里行：官名，唐代初设，宋代沿袭唐制。相当于今天的"编外人士"，不是正式官员。

④ 舒亶：字信道，号懒堂，慈溪（今属浙江余姚大隐）人。

第六章 乌台诗案绝处生

至于包藏祸心，怨望其上，讪渎谩骂，而无复人臣之节者，未有如轼也。盖陛下发钱（青苗钱）以本业贫民，则曰"赢得儿童语音好，一年强半在城中"；陛下明法以课试郡吏，则曰"读书万卷不读律，致君尧舜知无术"；陛下兴水利，则曰"东海若知明主意，应教斥卤（盐碱地）变桑田"；陛下谨盐禁，则曰"岂是闻韶解忘味，迩来三月食无盐"；其他触物即事，应口所言，无一不以讥谤为主。

——舒亶

舒亶列举了苏轼《山村五绝》《八月十五日看潮》《戏子由》三首诗中的句子，诬陷苏轼包藏祸心、怨恨皇上，讽刺皇上的变法措施毫无建树。

舒亶的"小报告"打完之后，一直看苏轼不顺眼的改革派大臣**国子博士**⑤李宜之、**御史中丞**⑥李定也随后赶来，颇有条理地向年轻的宋神宗列举了四项必须斩杀苏轼的理由：其一，苏轼考中科举只是偶然，实则全无学问；其二，苏轼一直妄图谋求高位，求而不得就出言讥讽朝廷，为人小心眼儿；其三，苏轼不懂得改过自新，

⑤ 国子博士：学官名，职责除了教授国子学生学业之外，还负责政治咨询及祭典顾问。

⑥ 御史中丞：古代官名，秦始置，为御史大夫的次官。

皇帝屡次宽恕他的顶撞，他却屡教不改；其四，苏轼的文章在全国范围内影响太大，他想到什么就写些什么，很容易给变法带来舆论阻力。

列举完这几条罪状之后，他们又煞有介事地总结陈词，力求宋神宗对苏轼处以极刑。

此时，远在湖州的苏轼还不知道京城舆论已经因为他乱成一锅粥了。多亏了他的好朋友、驸马王诜⑦和他的弟弟苏辙紧急派人给他送信，苏轼才大致了解了情况。不过，因为消息传递多有缺漏，苏轼还不太清楚自己具体犯了什么错，只知道自己惹火了皇帝。后来，朝廷派来押送他回京的钦差大臣皇甫遵抵达湖州。在自己的搭档、湖州通判祖无颇的提醒下，苏轼才穿上了朝服，跟随钦差远赴京城待审。

待苏轼离开后，御史又下令抄家。苏轼的家里人为了避祸，就一把火烧了大部分苏轼与友人的书信以及苏轼的手稿。苏轼后来得知此事的时候十分心疼。然而，后来发生的事情就证明了这把火烧得实在太应该了。苏轼前脚刚走，随后赶来的御史台官员就抄了他

⑦ 王诜：字晋卿，太原（今山西太原）人，后迁汴京（今河南开封），北宋画家。熙宁二年（公元1069年）娶英宗女蜀国大长公主，后因受苏轼牵连贬官。

第六章 乌台诗案绝处生

家，从苏家和苏轼家人的行李当中找到了一些未烧的诗、信和一些别的手写文书。这些文书后来就成了改革派大臣们给苏轼"编帽子"的主要材料。

后人大多赞美苏轼胸襟豁达，超然物外。其实，被押解赴京途中，苏轼曾多次萌起自杀的念头。一天，船舵坏了，他们乘坐的小船只好停在太湖芦香亭下。夜里凉风阵阵，波涌浪起。一弯新月挂在夜空，月光下的湖面泛着粼粼的波光。夜已经很深了，但是苏轼却并没有入睡。想到自己被捕后牵连的人一定很多，为了不牵累别人，倒不如纵身向水中一跳，顷刻之间万事皆了。但当他就要折身而起，向船头走去的时候，忽然又想到了弟弟苏辙和年幼的孩子们。他知道，弟弟与自己手足情深，如果自己自杀，弟弟一定不会独自活在世间的。孀妻弱子又如何艰难度日呢？这样岂不苦了一家老小？想到这里，他又打消了自杀的念头。

苏轼抵达京城后，就被送进了御史台监狱。在监狱里待了两天后，苏轼即被提审。面对审讯官的质问，苏轼坦然承认他所作的《山村五绝》里"赢得儿童语音好，一年强半在城中"的确是讽刺青苗法[8]的，"岂是闻韶解忘味，迩来三月食无盐"也确实是讽刺盐法的。

⑧青苗法：王安石变法的措施之一。

然而，除此之外的"高帽子"，苏轼一概没有接受。

然而，当时负责审讯苏轼的御史中丞李定，利用苏轼戴罪而无法直接面见皇帝的机会，在向宋神宗报告案情进展时，说苏轼承认了所有的罪诗。宋神宗听完大怒，更加认定了苏轼暗藏谋逆之心，于是允许李定对苏轼用刑，严加审查，务必让苏轼吐出所有牵涉的人来。得到了皇帝的准许之后，改革派大臣们自然再无顾忌，他们大量批发"高帽子"，恨不得给当时的保守派大臣们"人手一顶"。

李定为首的御史台更是从**四面八方**抄获了苏轼多年来用以赠人的大量诗词，苏轼所写的《独乐园》《和韵答黄庭坚二首》《和韵》

第六章　乌台诗案绝处生

《汤村》《后杞菊赋》等都被改革派认定为"包藏祸心"的诗词文章，接连呈送到了皇帝面前，其中牵涉以司马光为首的保守派大臣三十九人。只要诗词当中提到了一些变法内容，改革派大臣就毫不犹豫地往最坏的角度编派，誓要置苏轼于死地不可。

为了折磨苏轼，御史台的审讯官常常故意对他通宵审问，白天也不给他安排足够的饭食，还让他在**饥寒交迫**之下写出数万字的交代材料。

在巨大的身体和精神压力之下，苏轼不得不承认了绝大部分对他的指控，以求换来一点狱中的安宁日子。

即使天性乐观如苏轼的人，在狱中过得这般不堪，恐怕也支撑不了太长时间。苏轼也已经做好了赴死的打算。幸好，在他看不到的狱外，还有一批正义之士在积极营救他，其中甚至包括后宫太后和很多他原本看不惯的改革派大臣。

其中，宰相吴充⑨和曹太后出言进谏的故事最为著名。

一天，宰相吴充陪着宋神宗议事。聊到一半，吴充忽然发问："陛下饱读诗书，通晓千古风流人物，那您觉得魏武帝曹操这个人怎么样？"

⑨ 吴充：字冲卿，北宋大臣，王安石罢相后继任同中书门下平章事，位同宰相。

累了。

宋神宗回答道:"他呀,奸诈多疑的小人罢了。不值一提。"

吴充一看皇帝上套了,于是赶紧继续说:"是呀,陛下**一举一动**都以尧、舜为楷模,自然就会鄙视穷兵黩武又多疑奸诈的曹操。像曹操这样多疑好杀的人,尚且能容忍当众击鼓骂曹的祢衡。陛下的心胸宽广不弱于尧、舜二帝,为什么就不能容忍一个写诗的苏轼呢?"

这番话说得十分巧妙,宋神宗一时不知如何答复,只得说:"朕并没有要杀苏轼的意思,一直关着他只不过想澄清他诗词当中的一些是非对错,等问清楚了,朕就会放了他的。"

没过多久,久居深宫的曹太后也出面给苏轼求情。

曹太后问宋神宗:"你最近是不是抓了一个姓苏的官员呀?"

宋神宗点头:"是呀。这个老苏呀,国势艰难的时候,他不仅不帮着出力,还白纸黑字地写文章抨击我的政策,真讨厌。"

第六章 乌台诗案绝处生

曹太后接着问:"你说的这个老苏,是'二苏'兄弟里的那个苏轼吗?"

宋神宗有些惊奇:"是呀,不过祖母怎么知道他的名字呢?"

曹太后一边抹着眼泪,一边回忆说:"我记得有一年,你爷爷仁宗皇帝策试制举后回到宫中,高兴地对我说,他找到了两名能当宰相的人才,一个叫苏轼,一个叫苏辙,是两兄弟。只是他已经年老,恐怕用不到他们了,不过能把人才留给子孙后代也是好事。"

曹太后顿了顿,继续说:"孙儿呀,因写诗而坐牢,甚至是被杀的,我朝开国百年来都没有这样的先例。我久病在床,眼下实在不宜杀生,更不能让天下再有冤屈的事情发生,否则会影响我朝的气运呀。"

眼看着一众大臣,甚至皇奶奶都发话了,一向自诩孝顺的宋神宗这下也只能顺水推舟放过苏轼。但是放归放,自己的一肚子气还是要解的。于是,皇帝一封诏书,贬了苏轼去黄州担任团练副使,无诏不得擅离黄州。那些受到此案牵连的人也各得了处分:驸马王诜被削官,王巩被发配西北,苏辙被贬为筠州酒监,张方平、司马光、范镇等人则各被罚红铜⑩数十斤。

至此,这桩北宋开国以来最大的"文字狱"才算终于落下了帷

⑩ 红铜:古代以铜代金,相当于"钱"。

> 孙儿，最近我这身体不太舒服，不宜杀生，你懂我意思吧？

> 孙儿明白。

幕。北宋的御史台因官署内遍植柏树，柏树上常有乌鸦栖息筑巢，故此又称"乌台"。由于这桩案子先由监察御史告发，后来苏轼等人也是在御史台监狱关押和受审，所以，此案便被后世史学家们称为"乌台诗案"。

元丰二年（公元 1709 年）对于苏轼来说堪称是倒霉到了极点的一年。在这一年里，曾经意气风发、狂傲潇洒、满腔政治抱负的苏轼在御史台的牢里待了整整 103 天。出狱之后，仕途梦想破灭的他带着长子苏迈赴黄州就任。初到黄州时，苏轼积郁成疾、贫病交加，险些就此告别人世。然而，这时的苏轼还不知道，他的人生浮沉才刚刚开始。

第七章
凄凉东坡乐田园

由于被牵扯进改革派与保守派的党争，元丰三年（公元1080年）的大年初一，苏轼没有吃上饺子，而是在长子苏迈的陪同下，由御史台的差人押解，奔赴黄州。北宋那个年代，没有飞机、高铁、动车之类的交通工具，就算是有，苏轼身为戴罪官员，按规矩也只能坐慢轿、骑驽马，自然就慢得很了。于是，苏轼父子二人整整折腾了一个多月，才终于抵达了黄州。

初到黄州，罪臣苏轼按例没有俸禄，甚至连一个能住的官员府邸都没有，一言一行都要受到当地官员的监视。可是既然来了，总得找个地方歇脚吧！无奈之下，苏轼只得暂时借住在一座名为"定惠院"的山间旧寺里。这个地方冬天漏风、夏天漏雨，能够提供给苏轼的也只有粗衣粝食。可怜的苏轼从当年吃饱穿暖、出门有轿、

给孩子看的苏轼传

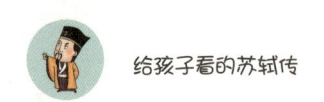

回家有酒的京官一夜掉进了"贫民窟",过得那叫一个"惨兮兮"。

世人常说苏轼天性旷达,后世常以"豪放"二字形容苏轼的词风。然而,再怎么旷达乐观的人,遭遇这种天上地下般的巨大落差,也不可能毫不伤感,否则那就不是旷达,而是没心没肺了。

所以,苏轼在被贬黄州的初期,其实并没有立刻想明白,而是自闭了许久,也写下了不少寂寥抑郁的词作。其中,这首《卜算子·黄州定慧院寓居作》堪称是苏轼毕生词作当中最孤独的一首。

> 我这起起落落的人生啊……

第七章 凄凉东坡乐田园

缺月挂疏桐，漏断人初静。谁见幽人独往来，缥缈孤鸿影。惊起却回头，有恨无人省。拣尽寒枝不肯栖，寂寞沙洲冷。

——苏轼《卜算子·黄州定慧院寓居作》

这时候的苏轼除了苏迈之外，没有其他的亲人陪伴，也没有伯乐赏识，他的内心无疑是很孤独的。然而，孤独归孤独，难过归难过，一首词写到最后，他依然"拣尽寒枝不肯栖"，还是那个蔑视流俗、孤芳自赏的苏轼，并没有就此低头。

两个月后，苏辙将苏轼一家老小安全地护送到了黄州。一间山间小庙自然容不下这么一大家子人。无奈之下，苏轼只好请求当时的黄州太守徐君猷帮忙。徐君猷也是苏轼的"粉丝后援团"成员之一，素来仰慕苏轼的文名，看到偶像一家过得如此困难，徐太守便仗着"天高皇帝远"，自己做主将苏轼一家安排到了长江边的水驿临皋亭暂住。后来，临皋亭年久失修，成了危房，为了安全起见，苏轼一家又在徐太守的帮助下搬到了临皋亭旁的南堂居住。至此，苏轼这一大家子才总算有了一个稍微稳定、舒适的落脚之地。

刚到黄州的时候，苏轼终日心里苦闷，吃也吃不好，睡也睡不香。初遭重大贬谪的苏轼这时候还没有进化成为后来那个笑傲逆境的"苏东坡"。于是，在被贬黄州第一年的重阳节，苏轼应邀与徐太守同席饮酒，微醺之下写下了这首颇为凄婉的《南乡子·重九涵辉楼呈徐君猷》。

霜降水痕收。浅碧鳞鳞露远洲。酒力渐消风力软,飕飕。破帽多情却恋头。

佳节若为酬。但把清尊断送秋。万事到头都是梦,休休。明日黄花蝶也愁。

——苏轼《南乡子·重九涵辉楼呈徐君猷》

贬谪黄州是苏轼人生当中的一个重要事件,是意气风发、胸怀壮志的"苏轼"进化成逍遥自得、笑傲风雨的"苏东坡"的重要转折点。苏轼在黄州生活了整整四年,在这四年中,他的人生观、价值观都发生了极大的变化。

虽然被贬很痛苦,但是要面对眼前一大堆要解决的生存问题,苏轼根本来不及痛苦。住处问题解决了之后,苏轼下一步要解决的问题就是"吃饭"。由于苏轼是罪臣,按例官俸是不能发的。于是,苏轼在房屋东边垦了一块地,带着儿子一起种麦子,过上了自给自足的生活。然而,麦子成熟也需要时间,在此之前,苏轼一家老小吃什么呢?苏轼为此愁得几天几夜睡不着觉,思来想去,"开源"不成就只能"节流"了。他把第二任妻子王闰之离京前变卖家产所得全部换成铜钱,又把钱都藏到了竹筒里。每月初,他就取出其中的四千五百钱分成三十份,每份穿一串,再把三十串铜钱都挂在屋梁上——这就是一家人每天的生活费。每天早上,苏轼都会亲自拿一把锄头,把当天用的铜钱从房梁上挑下来,交给妻子出去购买一天的米粮蔬食。到了晚上,他再把锄头藏起来,以免自己或家人忍

第七章 凄凉东坡乐田园

> 理财，我也是一把好手啊！

不住乱花钱。

徐太守还是很照顾苏轼的。虽然明知道不合朝廷例法，他还是尽力帮助苏轼一家。于是，苏轼的"乡村日常故事"终于正式开始了。他带着儿子们在自己开垦的几十亩地里种上了四季瓜果蔬菜。就这样，在到达黄州的第二年，苏轼一家终于过上了"春食苗，夏食叶，秋食花实而冬食根"四季不断粮的日子。时间一长，家里有了一些多余的粮食，苏轼就让妻儿拿到市场上卖钱贴补家用，居然还慢慢攒下了一些积蓄。

吃饭问题解决之后，苏轼又在徐太守送给他的城东缓坡上盖起了五间房屋。房屋竣工时，黄州下了一场大雪。苏轼坐在新居中，

欣赏窗外的曼妙雪景,乘兴将这几间房屋取名为"东坡雪堂",从此自号"东坡居士"。

在黄州生活的第三年,时年 46 岁的苏轼终于说服自己,放弃了回京的念头,彻底把黄州当作自己的终老之地。这一年,他决心把自己的耕作事业**发扬光大**,做一个更有"钱"途的农民。于是,他带着几个朋友一起去买新地,准备靠收地租过日子。在看地回家的途中,忽然天降大雨,大家都没带雨具,只能赶忙找地方躲避。唯有苏轼依然无惧风雨,照旧冒雨往前走。

经历了这么多坎坷的苏轼,世间风雨已经不能让他轻易畏难低头了。

第七章 凄凉东坡乐田园

> 淋淋雨也挺舒爽的，做人最重要的是开心嘛！

在黄州生活的后期，苏轼似乎已经完全习惯了**布衣蔬食**、自给自足的生活。生活富足一些之后，他开始重新拾起读书人的乐趣，在黄州著书写作，与朋友同游同乐。苏轼生来的"嘲讽"技能除了用来"伤敌"之外，也没有落下他自己。他一扫之前的烦闷愁苦，在写给朋友李端叔的回信中，甚至还颇有些自得地写道：

得罪以来，深自闭塞，扁舟草履，放浪山水间，与樵渔杂处，往往为醉人所推骂，辄自喜渐不为人识。

——节选自苏轼《答李端叔书》

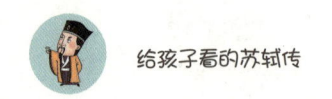

为了让当地的老百姓改善生活，也为了满足自己的口腹之欲，苏轼以黄州**物美价廉**的猪肉为主要食材，自创了"东坡肉"等许多菜肴。他将自创的猪肉吃法教给黄州百姓，还写下了菜谱版诗歌《猪肉赋》。

元丰五年（公元1082年）三月，苏轼在距离黄州东南三十里的地方买了一块新田地。在回家的路上，苏轼受了初春风寒，得了一场重感冒。北宋年代的医疗技术不发达，一场重感冒若是得不到有效的治疗，也是非常要命的。幸好，苏轼得到了当地著名的医生庞安常的诊治，很快得以痊愈。苏轼病愈之后，就与庞安常大夫成了好朋友，两个人还一起去了清泉寺游玩。看着初春之下清泉寺的美景，**大病初愈**的苏轼对自己此番病后重生的经历颇为感慨，于是乘兴写下了一首《浣溪沙·游蕲水清泉寺》。

第七章　凄凉东坡乐田园

> 山下兰芽短浸溪，松间沙路净无泥。萧萧暮雨子规啼。
>
> 谁道人生无再少？门前流水尚能西！休将白发唱黄鸡。
>
> ——苏轼《浣溪沙·游蕲水清泉寺》

后来，苏轼将种地和收租的业务交给了家人，开始了以休闲和养生为主的日子。在黄州的第四年，闲下来的苏轼常常出入当地的安国寺，与安国寺方丈继连和尚谈禅论道。苏轼还结识了金山寺住持佛印禅师，两个人一见如故，时常一聊就是一整天。

除了禅门的朋友之外，苏轼也经常与黄州当地的道士兼画家杨世昌等人泛舟游玩，饮酒奏乐，好不快活。苏轼的众多文学作品当中，著名的《赤壁赋》就是写于这一时期。苏轼深爱着黄州的美景，尤其偏爱的是黄州的赤鼻矶。在这里，苏轼先后写下了《念奴娇·赤壁怀古》《赤壁赋》《后赤壁赋》三篇作品。

> 大江东去，浪淘尽，千古风流人物。故垒西边，人道是，三国周郎赤壁。乱石穿空，惊涛拍岸，卷起千堆雪。江山如画，一时多少豪杰。
>
> 遥想公瑾当年，小乔初嫁了，雄姿英发。羽扇纶巾，谈笑间，樯橹灰飞烟灭。故国神游，多情应笑我，早生华发。人生如梦，一尊还酹江月。
>
> ——苏轼《念奴娇·赤壁怀古》

苏轼也曾像周瑜一样，年少得志，意气风发，但眼前的政治现实和被贬黄州的坎坷处境，同他的满腔热血背道而驰。"故国神游"跌入现实，他不免思绪深沉，顿生感慨，情不自禁地发出自笑多情、光阴虚掷的叹惋了。

然而，苏轼却搞错了地方——真正的赤壁之战发生地并非黄州赤鼻矶，而是在湖北蒲圻县（今赤壁市）。不过，黄州的赤壁却因有了苏轼的这一词二文，成为著名的"文赤壁"，至今仍然享受着许多文人雅士的瞻仰。

○ 黄州赤壁

无妨，无妨！

你好，我是孙权。你搞错地方了。

第七章 凄凉东坡乐田园

曾经在密州满腔热血渴望"持节云中，何日遣冯唐"的苏轼，如今却不被朝廷重用、赋闲在家，苏轼心中的落寞可想而知。虽然他极力让自己寄情于山水和美食之乐，以排遣心中苦闷，可是，在夜深人静之时，苏轼深埋在心底的苦闷还是会不由自主地流露出来。比如这篇颇有日记性质的《记承天寺夜游》，就反映出了苏轼当时壮志难酬的苦闷。

元丰六年十月十二日夜，解衣欲睡，月色入户，欣然起行。念无与为乐者，遂至承天寺寻张怀民。怀民亦未寝，相与步于中庭。庭下如积水空明，水中藻、荇交横，盖竹柏影也。何夜无月？何处无竹柏？但少闲人如吾两人者耳。

——苏轼《记承天寺夜游》

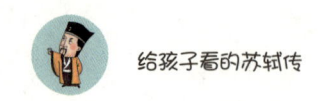

苏轼在黄州做着有职无权的闲官，尽管有报国之心，却始终得不到朝廷的信任和重用。在这种现实与理想的矛盾之下，苏轼时常**夜不能寐**，在夜晚与朋友散步之后，写了这篇短文。这篇文章不足百字，却勾勒出了月夜特有的朦胧景色，也反映了苏轼对于赋闲在家、不得重用的无限感慨。

苏轼在黄州一共度过了四个春夏秋冬。在这四年间，相比初入仕途时的意气风发，苏轼渐渐变得思想深邃、胸襟旷达。苏轼努力让自己从苦闷中解脱出来，在儒家、佛家和道家中寻求思想慰藉，从中凝练出了那个只属于苏轼自己的豁达与平和。在黄州期间，苏轼留下了大量优秀的诗词作品，据不完全统计，苏轼在黄州一共作诗 220 余首，词 66 首，赋 3 篇，散文、议论文、小品文等 169 篇，书信 288 封。这些作品中有许多成了苏轼的经典之作。

元丰七年（公元 1084 年），苏轼被朝廷授予检校尚书水部[①]员外郎[②]、汝州团练副使之职，需要即刻启程赴任。黄州的老百姓听说此事之后，都舍不得这个一身泥土味、整天跟百姓一起种地的

① 水部：宋朝工部下设置水部，负责沟洫、津梁、舟楫、漕运之事。
② 员外郎：中国古代官职。原指设于正额以外的郎官，隋朝于尚书省二十四司各置员外郎一人，为各司之次官，相当于副司长。唐、宋、辽、金、元、明、清沿其制。

第七章 凄凉东坡乐田园

> 乡亲们,有缘再见~

> 您一定要回来哦!

与众不同的"大官"。于是,他们**不约而同**地带着酒菜赶到苏宅,与苏轼一家欢饮作别。

苏轼看着这些百姓质朴的面庞,忍不住感慨万千,于是提笔写下了一首词。

归去来兮,吾归何处?万里家在岷峨。百年强半,来日苦无多。坐见黄州再闰,儿童尽楚语吴歌。山中友,鸡豚社酒,相劝老东坡。

云何,当此去,人生底事,来往如梭。待闲看秋风,洛水清波。好在堂前细柳,应念我,莫剪柔柯。仍传语,江南父老,时与晒渔蓑。

——苏轼《满庭芳·归去来兮》

这首词不同于苏轼的其他作品，当中充满了"白居易"式的平易词句，甚至还有一些民间俚语。借着这首平易通俗的词，苏轼真切地表露了自己对黄州百姓的依恋和不舍。后来，苏轼常常惦记着有朝一日回黄州看看，只可惜他此番离开之后，便再也没有机会回去过。

第八章
黄州逆境好养生

在御史台牢狱内长达一百多天的屈辱经历，给苏轼的内心蒙上了深厚的阴影。再加上出狱后很快被贬黄州，漫长的旅途更是进一步摧残了苏轼的身体。于是，在抵达黄州之后，苏轼很快就生了一场大病。病愈之后，已到中年的苏轼认识到了养生的重要性——既然斗不过政敌，也要努力比政敌活得长呀。

苏轼晚年所作的《东坡杂记》里，就记载了一则服食生姜延寿的帖子。苏轼讲道，他在杭州做通判时，曾经偶然得到杭州净慈寺方丈赠送的一个养生方。这位方丈虽然已经 80 多岁了，却仍然**老当益壮**，精神矍铄。而方丈养生的秘诀就是吃姜——每天取一个当年的带皮嫩姜切片，再用温水送服。后来，苏轼也有样学样，开始在自己的饮食里加入生姜，不是拿生姜煮粥，就是学着老方丈的做法直接用温水送服姜片。在黄州时，他也曾在文章里多次提到自己

"食姜"或"食姜粥"，并赞叹黄州的生姜"滋味甚美"。

苏轼被贬到黄州的时候，因为是罪臣出身，官衔只是挂名，实际上并没有需要处理的公务。于是，难得清闲的苏轼就常常穿着草鞋，带着儿子，划着一条破船去黄州当地的景点"打卡"。因为苏轼和儿子苏迈穿得太过于朴素，再加上他们终日与当地的柴夫渔民混迹一处，导致当地老百姓根本没认出来这老头就是名震全国的苏轼，甚至还有不识相的醉汉因为嫌弃苏轼挡了他的道，故意骂骂咧咧地推搡他。幸好，好脾气的苏轼对这些遭遇也不以为意。

苏轼很在意对牙齿的保护。俗话说得好，"牙好，胃口就好"。不过，苏轼生活的那个年代，既没有牙膏、牙刷，也没有牙线、漱口水，这可怎么办呢？苏轼有自己的办法。他选用黄州特产的茶叶，每餐结束后必用浓茶漱口，这样既能解腻，又能自然防止蛀牙。后来，苏轼将自己独创的护齿方法写在了《漱茶说》中。

> 吾有一法，常自珍之。每食已，辄以浓茶漱口，烦腻既去，而脾胃不知。凡肉之在齿间者，得茶浸漱之乃消缩，不觉脱去，不烦挑剌也。而齿便漱濯，缘此渐坚密，蠹病自已。
>
> ——节选自苏轼《漱茶说》

在黄州安顿下来之后，苏轼攒了一点钱，在黄州太守徐君猷的帮助下，盖了几间房子当新居，从此自号"东坡居士"。

第八章　黄州逆境好养生

北宋一朝虽然 GDP（国内生产总值）挺高，但是当时的老百姓还远远做不到顿顿都有肉吃。因为当时主要的肉食还是牛肉和羊肉，只有北宋的士大夫才能经常享用。即使白猪都带着一身膘满街跑了，人们也完全没有想到对"二师兄"下手。殊不知，在一千多年前还被钟鼎之家各种嫌弃的猪肉，在一千多年以后的今天，早已霸占中华大地的绝大部分餐桌，身价也一度直逼牛肉、羊肉了。

我们再来说回北宋。

黄州的白猪多到满街跑的地步，而且个个肥壮，一看就肥得流

油。然而，黄州的老百姓却都不爱吃猪肉，引得当地白猪泛滥。对此，刚刚宣布转行当"美食家"的苏轼深表痛心，提笔写道：

黄州好猪肉，价贱如泥土。贵者不肯吃，贫者不解煮，早晨起来打两碗，饱得自家君莫管。

——节选自苏轼《猪肉颂》

他还分享了具体做法：

净洗铛，少著水，柴头罨烟焰不起。待他自熟莫催他，火候足时他自美。

——节选自苏轼《猪肉颂》

猪猪这么可爱，怎么舍得吃！

第八章　黄州逆境好养生

被贬黄州的苏轼没剩下什么家当，没钱又想吃肉咋办呢？苏轼思来想去，就盯上了黄州价如泥土的白猪们。当时有钱有权的人们都觉得吃猪肉掉价儿，可苏轼不管那套，只要有点余钱，他就去黄州的菜市场把猪肉拿下。回到家，他用文火白灼猪肉，再配上自家秘制酱料炖煮，就做成了"东坡肉"和"东坡肘子"，味道那叫一个香，苏轼每天都得吃两大碗。

如此高油、高胆固醇的食物吃下去，那不生病是不可能的。果然，没过多久，苏轼的健康状况就亮红灯了。

这次，苏轼得了红眼病。

黄州当地没有名医，可是苏轼又因被罚不能擅自离开黄州，于是只能硬着头皮找当地的医生来看病。在徐太守的推荐下，一个又一个的大夫来到苏轼的"东坡雪堂"会诊，总结下来都是一句话："你没啥大毛病，你那眼病就是因为猪肉吃太多了，赶紧忌口吧。"

苏轼一听就不乐意了："我的眼睛生病了，关我的嘴啥事？凭啥要让我的嘴跟着受苦呢？"

为此，他还借着嘴巴和眼睛的口吻，写了一篇小短文。

余患赤目，或言不可食脍。余欲听之，而口不可，曰："我与子为口，彼与子为眼，彼何厚，我何薄？以彼患而废我食，不可。"子瞻不能决。口谓眼曰："他日我痈，汝视物，吾不禁也。"

——苏轼《子瞻患赤眼》

> 你这病要忌口，别吃猪肉了！

> 胡说，这是眼睛的错，不关嘴的事！

苏轼写道，医生劝自己因为眼病而忌口，嘴巴一听不干了："我是你的嘴，他是你的眼，我们都是你的五官，凭什么你对待我们有亲有疏呢？因为他生病，就不让我吃东西，这没道理呀。"

苏轼有点儿犹豫，"嘴巴"就接着跟"眼"商量："要不这样吧，我也跟你保证，以后要是我生病了，我绝不让你看不见东西。到时候你还是想看啥就继续看啥。"

这篇描写口与眼互相推诿的文章，或许就是后来马季先生的春晚小品《五官争功》的创作源头吧。

苏轼再次抱恙之后，他的妻子也经常劝他保重身体，不要再因

第八章　黄州逆境好养生

为跟朋友应酬而暴饮暴食，这样既不利于保养身体，时间长了也有点"伤钱"。于是，苏轼为了表示痛改前非的决心，向妻子写下了保证书：

东坡居士自今日以往，早晚饮食，不过一爵一肉。有尊客盛馔，则三之，可损不可增。有召我者，预以此告之，主人不从而过是，乃止。一曰安分以养福，二曰宽胃以养气，三曰省费以养财。元丰六年八月二十七日书。

——苏轼《节饮食说》

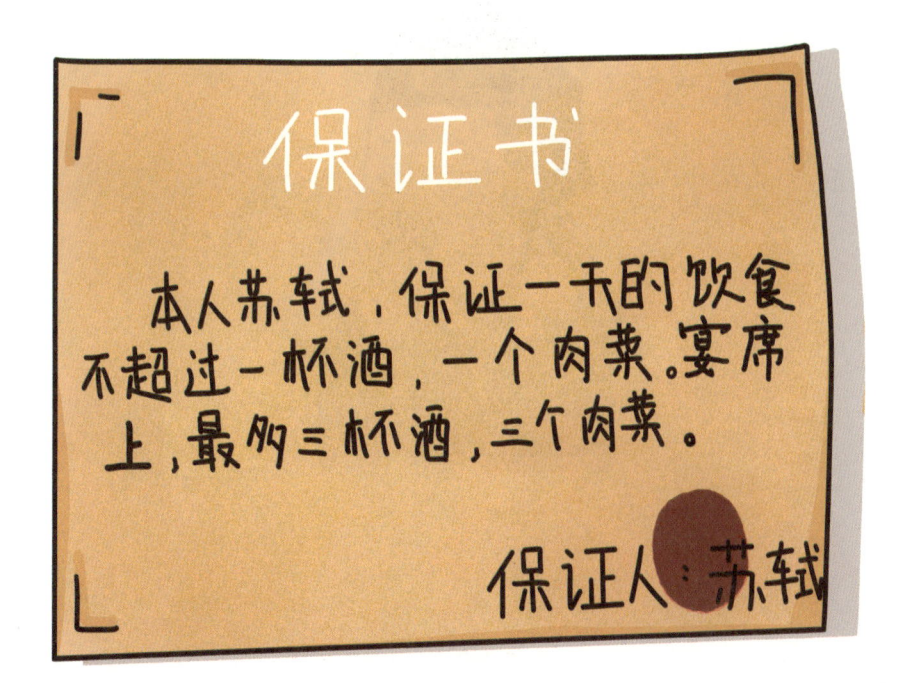

保证书

本人苏轼，保证一天的饮食不超过一杯酒，一个肉菜。宴席上，最多三杯酒，三个肉菜。

保证人：苏轼

保证书写完之后，不知道苏轼有没有贴墙上时刻提醒自己。不过，从此以后，他还真的改正了暴饮暴食的习惯。每天的食量都不超过一杯酒、一个肉菜。在家里请客喝酒的时候，他也最多三杯酒、三个肉菜。就这样，苏轼的身体和钱包也慢慢地开始良性发展了。

> 每天只喝一杯酒，只吃一个肉菜，养生走起！

第九章
斗智斗勇参佛理

贬谪黄州期间，终于与内心苦闷达成和解的苏轼开始转型"佛系中年"。而在这一阶段，与他交往最为密切的就是金山寺住持、真正的佛系中年人——佛印。

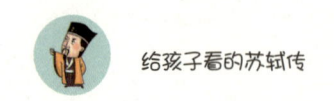

提到金山寺，可能很多人首先想到《新白娘子传奇》里的白娘子与小青"水漫金山"，里面有个恶和尚"法海"。其实，金山寺景色优美，是江南名胜，苏轼游金山寺，曾留下著名的《题金山寺》一诗。

> 潮随暗浪雪山倾，远浦渔舟钓月明。
> 桥对寺门松径小，槛当泉眼石波清。
> 迢迢绿树江天晓，霭霭红霞海日晴。
> 遥望四边云接水，碧峰千点数鸿轻。
>
> ——苏轼《题金山寺》

这首《题金山寺》文笔精巧优美，将金山寺所处的环境勾勒得生动形象，令人如临其境。最值得称道的是，这首《题金山寺》还是一首回文诗。所谓回文诗，就是倒着读来同样字句通达、工整贴切，自成一诗。

> 轻鸿数点千峰碧，水接云边四望遥。
> 晴日海霞红霭霭，晓天江树绿迢迢。
> 清波石眼泉当槛，小径松门寺对桥。
> 明月钓舟渔浦远，倾山雪浪暗随潮。
>
> ——苏轼《题金山寺》回文版

第九章 斗智斗勇参佛理

写出一首流传千古的诗词已经不易，苏轼不仅能够轻松作出一首翩翩风雅的诗词，还能兼顾回文，令这首七言律诗正读、倒读都能各有其趣。由此也可以看出苏轼超过常人的文字驾驭能力。

接下来，让我们说说苏轼的"铁杆好友"佛印。佛印在还没出家之前俗姓林，生于饱读诗书的大户人家。小时候的佛印接受的是儒家经典的教育，他 3 岁时就能熟读《论语》，5 岁能背唐诗三千首，10 岁精通儒家四书五经。出家之后，佛印的法号原本不是"佛印"，而是"了元"，但因为佛印的佛法修行太过高深，一不留神成了当时著名的得道高人，宋神宗倾慕其名，钦赐其"佛印禅师"的法号。

高人，我仰慕你许久了。

不敢当，不敢当。

元丰五年（公元 1082 年），佛印成为金山寺的住持，也是在这一年，赋闲在家的苏轼走进了金山寺，与佛印有了交情。6 年之后的元祐三年（公元 1088 年），佛印又兼任了焦山寺的住持，此后又在多地开坛讲经，很快就成了当世**远近闻名**的得道高僧。苏轼后来虽然有了短暂的仕途晋升，可是随后不久又是一贬再贬。然而，即使被贬到惠州、儋州等凄凉之地，苏轼也始终保持着与佛印的书信往来，佛印也从来没有因为想要避祸而疏离过苏轼，两人之间的

第九章 斗智斗勇参佛理

友谊直到苏轼去世时都始终如一。

苏轼也有惠崇、参寥等几位禅门好友,但在这些禅门的朋友当中,苏轼跟佛印的交情是最深厚的。据统计,苏轼一生写给佛印的作品有书信 15 封、诗词 5 首、文牍 6 篇。除了文学上的朋友之外,这个诗词唱和的数量算是苏轼的朋友圈当中最多的了。

在黄州的时候,他俩住的地方挺近,几乎是隔江而居。所以,苏轼经常闲着没事就驾着一条小船过江去找佛印聊天。然而,佛印却一次都没有主动找过苏轼,更是很少离开金山寺。平时只要没有讲经,佛印就成天"宅"在寺庙里,"大门不出,二门不迈"。苏轼看着他身为一个和尚,却成天跟未出阁的姑娘似的不爱走动也不爱见人,便诗兴大发,写了一首名为赞佛、实为嘲笑的打油诗,托人过江去送给了佛印。这首诗是这么写的:

> 稽首天中天,毫光照大千。
> 八风吹不动,端坐紫金莲。

等仆人把书信送出去之后,苏轼就在家里**沾沾自喜**地在等着佛印的回复。没过多久,仆人回来了。苏轼立刻**迫不及待**地问:"佛印禅师读诗了吗?他怎么说?"

仆人回复道:"禅师没说话,只是写了一封书信,叫我带回来给您。"

苏轼闻言先是一愣,接着立刻打开信封,抽出里面的信纸一看,纸上就写了两个大字——"放屁"。

这下苏轼可生气了。他虽然是罪官,但好歹在文坛上卓有才名、无人能出其右,他佛印凭什么说自己的诗写得不好?于是,苏轼马上划船渡江,亲自去跟佛印理论。到了地方,苏轼连佛印的面都没见到,就发现寺门上贴着一张墨迹未干的字条,上面写着一行字:"八风吹不动,一屁过江来。"

一向口齿伶俐、怼人不留情的苏轼一看这张字条,登时就明白了。于是,他只能低头认输,灰溜溜地打道回府了。

苏轼怼不过佛印,后来就想拿佛印寺庙里的小沙弥解气。于是,有一天,苏轼专门挑着佛印外出讲经的时候拜访金山寺。一进寺门,

第九章 斗智斗勇参佛理

苏轼就故意朗声道:"秃驴何在?"这个"秃驴"二字显然就是在笑骂佛印了。然而,在院子里扫地的小沙弥一听这话,手上的扫帚未停,连头也不抬一下,就直接回道:"东坡吃草。"简简单单地一句话,就把这一局又扳了回来。

某天,苏轼碰上佛印在闹市讲经,可惜他去得太晚,已经没有座位了。苏轼就跑去找佛印说:"佛家常说四大皆空,那就是说'四大'有与没有都是一样的。既然如此,那你把你的'四大'借给我当一个座位好不好?"

佛印回复道:"可以呀。不过,你要先回答我一个问题。要是回答不上来,你就把身上的这条玉腰带供奉给我佛吧。"

苏轼一听就有些心疼,毕竟他为官一向清廉,也不算什么有钱人,而一条玉带在当时来说还是很值钱的。可是他转念又一想,天下能问倒自己的人也没有几个,于是就坦然应允了。谁知道,佛印随口问了他一个有关佛经偈语的问题,他还真就没有答上来。于是,苏轼**心服口服**地把自己的腰带输给了佛印。而佛印讲经结束回到寺内后,也托人将自己的袈裟作为朋友之间的回礼赠给了苏轼。

后来,苏轼将这段经历写成了一首诗:

百千灯作一灯光,尽是恒沙妙法王。
是故东坡不敢惜,借君四大作禅床。

——苏轼《戏答佛印偈》

后来有一次，苏轼与佛印座谈闲聊时，又故意问佛印："你看我像什么？"

佛印稳坐如钟，回答说："我看你像一尊佛。"

苏轼哈哈大笑："那你知道在我眼里，你像什么吗？你像一堆牛粪！"

佛印笑而不答。回家后，苏轼将这次难得的胜利分享给自己的侍妾王朝云。王朝云素来喜佛，也颇为通晓佛理。听完苏轼所讲，王朝云立刻明白了其中玄机，跟苏轼解释说："心中有佛，所见皆

第九章 斗智斗勇参佛理

佛。佛印禅师看到的是佛，而先生看到的却是牛粪，您自己说到底是谁赢了呢？"

苏轼这才**恍然大悟**，从此更加钦佩佛印，心向佛法。

苏轼在黄州的时候，偶然发现长江边出产一种奇特的石头。这种石头不仅触手生凉，而且质地近乎透明，介于玉、石之间，非常漂亮。黄州当地的小孩子都喜欢收集这种石头来玩。苏轼觉得这石头很有意思，再加上他在黄州的日子既没有钱，也没有什么要做的事，于是就拿自己做的馒头跟附近的小孩子换石头来玩赏。后来，苏轼攒了两百多块石头，家里放不下了，就找了一个水盆，往里面灌上了一些长江水，放上一点好看的水草，再把石头放在里面养着，觉得特别好看。

再到后来，苏轼又攒了一水盆的石头。他就托人把这盆石头连同水和水草一并送给了佛印，还写了一篇《怪石供》。在这篇文章中，苏轼颇有些无赖地说，自己虽然有心供佛，但是因为身处困境，"地主家也没有余粮了"，所以就改拿这些石头作为供品。然而写着写着，苏轼忽然觉得自己开了一个坏头，于是又在文章结尾自我反省："完了，要是以后黄州的人都跟我一样改成捡石头供佛，这事不就麻烦了。对不起啊，兄弟！你们寺庙的和尚以后要是化不到缘了，不要怪我呀。"

虽然苏轼拿石头供佛这件事不合常规，但是佛印却特别珍惜这些石头，还专门请了工匠把这篇《怪石供》刻到了石碑上。苏轼听说了这件事之后，又给佛印写了一篇《后怪石供》，坦诚地跟佛印讲了这些石头的由来。在这篇文章里，苏轼直截了当地说，这些石头是他拿自己做的馒头跟小孩换的。点心吃了可以充饥，这些小石头却派不上大用场。接着，苏轼自嘲道：自己拿有用的东西换了无用的东西，脑子实在不算好。他现在把这些无用的东西送给佛印了，佛印却这么珍惜这些无用的东西，还专门为此刻了石碑，这不就等于他把我做的那些馒头给供起来了吗？

后来，苏轼的另一位禅门好友参寥禅师听说了这件事，就专门写信跟苏轼讨论佛理，絮絮叨叨地告诉苏轼佛门讲四大皆空，供石头还是供馒头都是一样的，结果都是供了一场"空"。

佛印曾经形容苏轼"子瞻胸中有万卷书，笔下无一粒尘"。而苏轼虽然多次跟佛印斗智失败，但也因此参悟了不少佛理。苏轼到了晚年时一心向佛，笔下由当年的豪气干云变得平和温厚，这应该也与他跟佛印的交往有关。

第十章

祸福转再起东山

苏轼因为"乌台诗案"被贬谪,他的老政敌、远在金陵被迫隐居的王安石过得也不算太好——变法大业未成就被小人排挤出京,儿子又因病去世。曾经名震京师的"拗相公"此时就像一只折翼的雄鹰,布衣粗食,不修边幅,每天骑着一头驴到处乱走解闷。

此时的北宋政坛,正被改革派的小人王珪①把控。王珪在历史上以**见风使舵**出名,培植党羽也很有一套。将自己的恩人王安石排挤出去之后,王珪就在朝廷上**肆无忌惮**地安插自己的心腹,势力大

① 王珪:字禹玉,北宋著名奸相。

增。时间一长，宋神宗竟然也奈何不了他，只能忍着怨气，处处被他牵着鼻子走。其实，宋神宗也知道苏轼有才华，很早就想重新启用苏轼。他先是想把苏轼从黄州召回京城来修国史，后来又想任命苏轼去富庶的江宁②当太守，可是这些诏令发到中书门下③之后，都被王珪拦了下来。直到元丰七年（公元1084年），宋神宗被王珪和他的党羽逼得不惜动用了北宋历代帝王从不轻易使用的"皇帝手札④"，绕过了中书门下的监视和阻拦，将重新启用苏轼的诏书发了出去。可是，由于王珪的势力太大，宋神宗也没能直接下令将苏轼调回京城，而是"曲线救国"，将苏轼调到了离京城很近的汝州担任团练副使。

收到诏书之后，苏轼立刻启程离开了黄州。然而由于长途跋涉、旅途劳顿，苏轼跟侍妾王朝云的幼儿不幸因病夭折。老来丧子的悲痛令苏轼再也没有了前行下去的心情，于是便在赶赴汝州的半路上停了下来。

在黄州种了四年多的地，苏轼渐渐习惯了自给自足、自得其乐

②江宁：位于今江苏省，是"六代豪华"之地、"十朝京畿"要地，非常富庶。

③中书门下：为秉承君主意旨，代替掌管机要、草拟政令的机构，相当于国务院。

④皇帝手札：皇帝的亲笔信。

第十章　祸福转再起东山

的田园生活。政治上的坎坷沉沦和晚年丧子之痛使他终于决心放下对政治理想的执着，打算退隐田园。于是，他在朋友的帮助下，将父亲苏洵去世后留在京师的住宅卖掉，用卖房子的钱和自己的积蓄在常州买了几块肥沃的好地，又盖了几间好房子，取名为"东坡草堂"，准备带着家人在这里躬耕种橘、安度晚年。所以，苏轼两次上书请求朝廷准予他不去汝州，而是迁到常州居住。

苏轼之所以将自己的终老之地选在常州，或许跟他之前的游历有很大关系。在早年间，天性喜欢旅游的苏轼曾经多次到"有山、有水、有树林"的常州欣赏其山水美景。后来，在全国各地为官的苏轼很少有机会回家，而常州的一山一水却总是莫名地给了他家乡的感觉，因而让他十分留恋。

或许是忌惮苏轼的改革派大臣们考虑到苏轼年纪大了，应该也翻不起什么浪来，又或许是因为苏轼才名远播，全国"粉丝后援团"人数众多，影响力实在**不容小觑**，朝廷最终答应了他迁居常州的请求。苏轼接到朝廷的许可书之后，立刻带着全家老小赶赴他早已准备好的"家"。

终于置身江南的农家田园，苏轼由衷地长舒了一口气，然后写了一首词，顺便秀一下自己的新定位。

买田阳羡吾将老，从来只为溪山好。来往一虚舟，聊随物外游。
有书仍懒著，水调歌归去。筋力不辞诗，要须风雨时。

——苏轼《菩萨蛮》

初来常州的苏轼每天都过得很开心。虽然此时的他仍然是戴罪为官，但是在这里，他不用担心政治倾轧，也不必再忍受饥寒交迫。在江南秀丽风光的滋养下，苏轼的身心都获得了巨大的放松。苏轼的著名书法兼随笔名作《楚颂帖》也是在这个时候写下的，帖中包含了他对未来生活的美好憧憬。

吾性好种植，能手自接果木，尤好栽橘。阳羡在洞庭上，柑橘栽至易得。暇当买一小园，种柑橘三百本。屈原作《橘颂》，吾园若成，当作一亭，名之曰"楚颂"。

——节选自苏轼《楚颂帖》

苏轼本以为，自己可以跟家人就此在常州过上安稳的日子。可惜，人算不如天算，他的"戏剧人生"再次拉开帷幕。

在苏轼寄情常州山水，成天带着家人朋友到处游玩题诗的时候，京城的政局发生了**翻天覆地**的变化。元丰八年（公元1085年），热衷于改革、每天认真搞事情的宋神宗驾崩，年幼的宋哲宗继位，高太后临朝听政。由于新皇帝年幼，朝廷大事几乎都由高太后做主。高太后跟宋神宗不同，不喜欢改革派。于是，以王安石为首的改革派被打压，保守派代表人物司马光重新被朝廷任命为宰相。司马光回到京城组建内阁之后，立刻想到了远在常州安度晚年的苏轼。

于是，苏轼先是被一纸诏书"送"到了山东登州执掌军政大权。

第十章 祸福转再起东山

你们反反复复，有完没完！

来！

老苏！来京城跟着我干！

你到底来不来？

在登州还没待够半个月，苏轼又被朝廷任命为礼部郎中⑤，被召还京城。苏轼在登州就任的时间虽然不长，但在任职期间也干了几件大事，其中最重要的一件事就是上书朝廷，请求朝廷免除了地方政府食盐专卖的权力。

盐、铁、酒等商品由国家专卖的构想，最早可以追溯到汉武帝时期的大臣桑弘羊⑥，这一举措的主要目的是增加税收、藏富于国。

⑤ 礼部郎中：官名。掌仪制，辨名数。
⑥ 桑弘羊：西汉时期政治家，理财专家，汉武帝的顾命大臣之一，官至御史大夫。

不过，苏轼却格外反对这种做法，主张市场公平竞争、民间贸易自由。他的理想跟战国时期的名臣魏豹⑦很像，相比于藏富于国，他更推崇藏富于民，认为民富才能国富兵强。

在重回京城的路上，苏轼途经庐山，有感于庐山云雾缭绕不能见山之全貌，联想到自己竭尽全力反对王安石变法，甚至为此获罪外放，可是多年来在地方为官也看到了变法当中不少值得称道的部分，就像"身在庐山时，不见庐山貌"一样，曾经的自己之所以看不透变法的利与弊，就是因为自己深陷其中，不能全面地看问题，于是写下了一首蕴含对自己前半生反思的诗，即著名的《题西林壁》。

横看成岭侧成峰，远近高低各不同。
不识庐山真面目，只缘身在此山中。

——苏轼《题西林壁》

⑦ 魏豹：秦末汉初群雄之一，战国时期为魏国贵族。

第十章 祸福转再起东山

在京城的半年多里,苏轼的官位仿佛开了"外挂",像"坐火箭"一样从礼部郎中升任**起居舍人**⑧、**中书舍人**⑨、翰林学士……后来又负责起草皇帝诏令,管理礼部贡举,官位在六部尚书之上,眼看着离封侯拜相就只有<u>一步之遥</u>了。

> 这波发展很稳,继续稳扎稳打!

⑧ 起居舍人:官名,隋炀帝时始置,属内史省,负责记录皇帝日常活动及所发诏令与国家大事。

⑨ 中书舍人:官名,中书省的长官。西晋初设置,历代名称和职务不尽相同,北宋时负责参与政令决策,执掌中书省诸事。

苏轼回到京城之后，牢记当年吃过的亏，避小人如同避苍蝇。然而树欲静而风不止，升迁太过迅猛的他就像一块肥得流油被挂在厅堂上的肉，惹得"苍蝇"们想不叮都难。于是，在苏轼的身边，"苍蝇"们的叫声从来就没停过。

当时官位、权力均在苏轼之上的大臣几乎只有司马光一人。司马光已经年迈，他力保苏轼升到现在的高位，有意在退休后让苏轼接替他。在高太后的支持下，司马光担任宰相后，决心废除所有变法措施，恢复仁宗旧制。

司马光虽然一直看不上王安石，但是这个时候，他不分好坏、"尽废新法"的主张其实也跟王安石"猛钻牛角尖"的行为**不相上下**。

司马光先向高太后上书，想把变法措施全部废除。接着负责执掌**枢密院**⑩的**章惇**⑪就立刻上书驳斥，不给司马光一点面子。两个人又到高太后的面前辩论，几个回合下来，章惇落了下风，竟然直接咆哮着要跟司马光比剑单挑。

司马光虽然对苏轼有知遇之恩，但是苏轼也不赞同司马光尽废新法的主张。并且，苏轼待在京城为官的这几年，也清楚地看到了

⑩ 枢密院：中央官署名，与中书门下分掌军政大权，号称"二府"。
⑪ 章惇：字子厚，号大涤翁，北宋中期政治家、改革家。

第十章　祸福转再起东山

保守派内部的贪污腐败问题。这一次,苏轼下定决心站在了章惇这一边,并极力上书抨击。

一个章惇已经够让司马光头疼了,这下又来了一个自己亲自提拔上来的苏轼,司马光非常烦躁,于是有了再把苏轼贬出去的心思。可惜,还未等将这个想法付诸现实,司马光就因为劳累过度病逝了。一直对他寄予厚望的高太后悲痛万分,而朝中保守派也因此大受打击,蛰伏的改革派大臣很快反扑上来。

这个故事告诉我们:"成功"有时候不仅掌握在有才华的人手上,更掌握在活得长的人手上。

司马光去世后,苏轼也失去了庇护。而他因为坚持自己的主张,导致既不容于新党,又不见谅于旧党。

于是，元祐四年（公元 1089 年），看透了官场权力倾轧的苏轼不等政敌对自己下手，就先上书朝廷，请求外调为官。

他本以为自己离开了权力中心就可以避开朝廷的争斗。可是，命运之轮既然转动，以后的浮沉变化就再由不得他了。

> 我累了，我真的累了，你们玩吧。我去看外面的世界了。

第十一章
再赴杭州建功名

元祐四年（公元 1089 年），54 岁的苏轼迎来了人生中短暂的光明。这一次外派，他被朝廷任命为龙图阁学士①兼杭州太守。

杭州对苏轼来说已经不算陌生了，早年间，苏轼就曾在杭州作通判，跟当时的杭州太守陈襄一起为当地老百姓做了不少实事。苏轼对杭州的印象非常好，还写过很多歌咏杭州钱塘江、西湖等风景的诗词。然而，当晚年的苏轼再次来到杭州时，出现在他眼前的杭州西湖，却完全不是那个让他日思夜想的"湖光山色两相合"了。

① 龙图阁学士：宋代官名。龙图阁学士为虚官，用以嘉奖文学之士，以示尊宠。

给孩子看的苏轼传

原来，由于当年接替"苏陈组合"的杭州官员们不作为，西湖等杭州水系便一直不曾得到过有效治理，十几年下来，曾经烟波浩渺、美丽得堪比西施的西湖居然变得荒草丛生、臭气熏天，俨然成了一汪"黑水潭"。

眼看着昔日美景即将消失殆尽，苏轼大感痛心，立刻挥笔给朝廷写了一封《杭州乞度牒开西湖状》。

熙宁中，臣通判本州，则湖之葑合，盖十二三耳。至今才十六七年之间，遂堙塞其半。父老皆言，十年以来，水浅葑横，如云翳空，倏忽便满，更二十年，无西湖矣。使杭州而无西湖，如人去其眉目，岂复为人乎？

——节选自苏轼《杭州乞度牒开西湖状》

苏轼这一次给朝廷上书，已经学会了不再故意摆弄文人傲气。他谨记自己身为地方官"代天巡狩"的责任，没有逃避问题，而是恳切地向朝廷说明了西湖此刻面临的严峻情况。很快，朝廷的批复就抵达杭州，准许他全权治理。

为了疏浚西湖，苏轼首先要面临的就是资金问题——疏通河道、清理湖泥、清除水草……这一桩桩、一件件事都需大量人工，有人工就得关照他们的吃穿用度和酬劳，就意味着得有白花花的银子。可是银子从哪里来呢？

苏轼**没日没夜**地算账，终于计算出疏浚西湖所需的最低费用，

第十一章　再赴杭州建功名

然而这最低费用也有三万四千贯钱之多。三万四千贯钱是什么概念，在当时大约能买到四万石大米。这个数字看似不算太可怕，然而在连年变革之下，杭州官府的资金储备早已严重告急，根本拿不出这么一大笔钱来。不得已，苏轼只能再度给朝廷上书请求拨款。可是，这一次朝廷却只拨给了他100张度牒（僧人出家的凭证），让他自己卖度牒来筹措经费。

在北宋，僧人可是一份很值得羡慕的职业。只要皈依佛门，一不用承担劳役兵役，二不用受俗家法律重罚，还能合法拥有众多田产房产，又不用交税。因此，当时许多人都想借着入佛门的机会大赚一笔。不过北宋朝廷也不傻，既然剃度出家有这么多好处，那这和尚就不是谁想当就能当的了,想出家为僧可以,先花钱买一张资格证吧!而这份僧人出家资格证,就是所谓的"度牒"。

在宋神宗时期,一张度牒名码标价是一百三十贯钱。因为各地的经济情况和寺庙分布情况不一,度牒的价格也各有差异。苏轼是一个文人,本来没有经商的头脑,可是事已至此,他也不得不硬着头皮开始学习营销,硬生生把 100 张度牒卖出了一万七千贯钱。

此后,苏轼又凭借自己的号召力,在杭州募捐到了一大笔钱,填补了剩下的资金缺口。资金到位之后,苏轼才终于带领着大量工人和船夫浩浩荡荡开始了治湖工程。

湖底的淤泥挖干净之后,苏轼又用这些淤泥筑起了一条连贯南山北岭的长堤。长堤筑好之后,苏轼又化身为设计师,命人在湖堤

> 饥饿营销做起来!

爆款度牒3折售,最后一天!
明天恢复原价!

第十一章　再赴杭州建功名

上栽柳、种花、盖亭，并建成六座小桥，这就是后来位列西湖十景②的"苏堤春晓"。

为了让西湖中的杂草不再滋生，苏轼就命人在西湖中央建造了三座白色的石塔，石塔将西湖深处与岸边的湖面大致分隔开。苏轼以极低的价格将这片水域租给种菱角的老百姓，如此一来，他们既可以谋生，又能定期为西湖"义务"拔草，而三塔隔开的更大面积的水域也不至于遭到破坏，出租湖面的所得收入还能用于保养西湖的水质，真是一举多得。

② 西湖十景：苏堤春晓、断桥残雪、曲院风荷、花港观鱼、柳浪闻莺、雷峰夕照、三潭印月、平湖秋月、双峰插云、南屏晚钟。

后来，苏轼主持修建的这三座石塔也演变成为杭州西湖的名景之一，这就是后世著名的"三潭印月"。

解决了西湖的水患问题之后，苏轼紧接着又迎来了一场挑战。那就是旱灾和时疫。面对严峻的情况，苏轼上书朝廷，请求朝廷能够减免杭州供米的三分之一。这一次，他知道直接向朝廷伸手要钱不太现实，于是干脆请求朝廷再赐百张度牒，以便卖度牒换钱来赈济灾民。

解决了财政压力之后，接下来要做的就是治疗时疫。面对来势汹汹的疫情，苏轼又化身为医者，拿出了一个名叫"圣散子方"的药方。这剂药方还是他在黄州生活时，从一位世外高人那里苦求得来的养生方子，不仅药效好、见效快，还能提高人体免疫力，帮助未生病的人抵抗时疫。而且，这个药方所需的药材大都不是名贵罕见的药材，更不需要用到什么"原配的蟋蟀两只"之类的奇怪药引。不过，想要凑齐一剂药材，至少需要1000文钱才行。

为了减轻老百姓的经济负担，苏轼命人在闹市街头架起几口大锅，大量熬煮加了"圣散子方"药材的米粥，免费发放给路人食用。他还将杭州的病患隔离起来，又把当地的医生力量集结起来，派士兵护送医生们"分坊治病"，百姓们的看病钱也全由政府出资。杭州因此度过了时疫的危机。

早在苏轼第一次来杭州任通判时，杭州就曾出现过小规模的时疫。如今再度来到杭州为官，与时疫对抗，苏轼也终于认识到，如果不彻底找出杭州时疫流行的根本原因，那么**日复一日**地"**兵来将**

第十一章　再赴杭州建功名

挡、水来土掩"，终究是**劳民伤财**。

后来，苏轼终于发现了问题所在。杭州地处水陆交通要塞，水陆接壤很容易滋生细菌，再加上杭州经济发达，贸易频繁，人口流动也很多，所以才会比其他地方更容易流行时疫。于是，苏轼先是设立了类似于今天传染病门诊的"病坊"，专门用来隔离染上时疫的病人。然后，他又拨款二千缗，还带头变卖家产，捐出了五十两黄金，在杭州设立了我国第一家官办民助医院"安乐坊"，并请来自己的朋友、当时的名医**庞安时**③等人坐堂问诊。凡是来"安乐坊"看病的贫民百姓，从看病、服药到痊愈，坊内几乎分文不收。

做完这些事之后，苏轼也过完了自己的55岁生日。当时，55岁的年纪按理来说已经快退休了，可是苏轼仍然每天不分昼夜办公。为了不忘记公务，苏轼把每天要做的事情都按**轻重缓急**写在纸上，做好一件事就用笔画掉一件。这种每天"打卡做任务"的习惯大概是他在小时候就养成的。

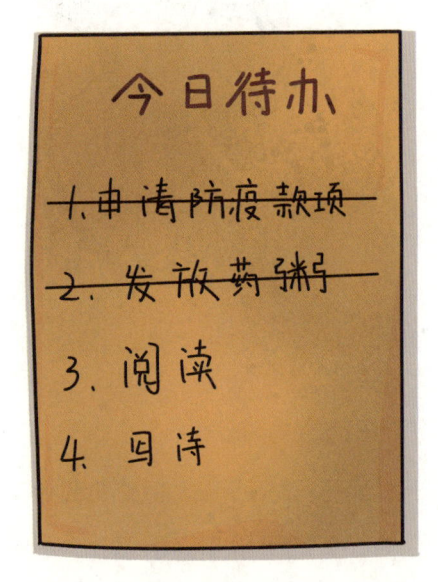

今日待办
1. ~~申请防疫款项~~
2. ~~发放药粥~~
3. 阅读
4. 写诗

③庞安时：字安常，自号蕲水道人，被誉为"北宋医王"。著有《伤寒总病论》。

第十一章　再赴杭州建功名

50多岁的苏轼仍然跟年轻时候一样，喜欢在大自然里办公，甚至喜欢直接把办公桌搬到西湖边上，面朝湖光山色，漫看**春暖花开**。不过，这种任性也不是天天都能办到的。于是，苏轼索性将自己的办公室挪到一抬头就能看到西湖的地方，还为其取名为"雨奇堂"。

这个名字是从他昔日写西湖的一句诗"山色空蒙雨亦奇"而来的。他还保留着在黄州赋闲时的浪漫，办公累了的时候，就带上几个仆从泛舟西湖，或是与朋友把酒赋诗，常常一玩就是一整天。

计划明确，每天"打卡"；劳逸结合，有张有弛。这些或许就是苏轼在晚年时还能保持高效率工作的秘诀吧。

第十二章
不辞长作岭南人

苏轼在杭州解决了很多积弊，一切风平浪静之后，他的日子也过得舒心了很多。可是，好景不长，元祐六年（公元1091年），苏轼又被召回了京城，没待多久又被调往颍州①任知州。随后的两年时间里，苏轼开始到处宦游，先后出任扬州、定州②的知州，生活得都还算不错。直到元祐八年（公元1093年），一直庇护他的高太后去世，苏轼的仕途又蒙上了阴影。

高太后去世后，年轻的皇帝宋哲宗开始亲政。终于不用再处处

① 颍州：隶属于安徽省阜阳市，位于安徽省西北部，淮河以北。
② 定州：隶属于河北省，位于太行山东麓，华北平原西缘。

第十二章　不辞长作岭南人

受人管着的宋哲宗这下可算体会到了大权在握的感觉。也不知道是不是为了报复之前高太后对他的严加管教，只要是高太后支持的大臣，他就讨厌；只要是高太后推崇的政策，他就取缔。于是，一场针对保守派大臣的清算运动轰轰烈烈地开始了。曾经被高太后迅速提拔、尽力庇护的苏轼首当其冲，被贬为远宁军节度副使③，诏令惠州安置④。

苏轼被贬惠州时，已经57岁了。这个岁数在古代实属高龄。苏轼到了惠州之后，很长一段时间里都没有什么新的消息。当时，朝廷上的所有人都认为，苏轼此去必定是一去不复返了。然而，苏轼到底是苏轼，遭遇命运三连击的他虽然着实抑郁不振了一段时间，可是很快就调整好了心态，重新振作了起来。

帮助他振作起来的，除了惠州的山水之外，还有一个不可或缺的东西，那就是惠州物美价廉的荔枝。

"苏门四学士"之一的黄庭坚后来写了一首诗描写苏轼在惠州的"吃播"经历。苏轼自己更是一边吃一边高兴地写"日啖荔枝

③ 节度副使：唐宋两朝的官名，相当于现在的副军区书记和司令职位。

④ 安置：宋时官吏被贬谪，轻者称送某州居住，稍重者称安置，更重者称编管。

三百颗,不辞长作岭南人"。他素来喜欢吃甜的,惠州地处祖国南边,气候温暖,盛产荔枝、龙眼等热带水果。苏轼来到惠州之后,发现当地的水果真是又新鲜、又好吃、又便宜。他**如获至宝**,每天都吃得非常开心,以至于吃得上火生疮,不得不照着古书里的方子自制清凉药膳,调理了好久才恢复健康。

除了吃之外,苏轼还喜欢旅游。罗浮山就是苏轼到达惠州之后"打卡"的第一站。罗浮山被称为"岭南第一山",在当时就非常有名。苏轼在惠州简单安顿下来之后不久,就来到了罗浮山下。苏轼一口气游览了山中的长寿观、冲虚观,饮了当地著名的卓锡泉水,

第十二章　不辞长作岭南人

还为东晋道教学者葛洪⑤留在这里的丹灶题了字——那个年代没有照相机，文人墨客"打卡"旅游景点的唯一方式就是题字写诗了。苏轼痛快地玩了一天下来，晚上累得没有力气下山，就直接住在了山上的宝积寺里。第二天早上，苏轼在山寺僧众的热情招待下吃完了一顿爱心早餐，然后才下山回家。

这次的旅行虽然有些仓促，但是给苏轼的印象却很好。苏轼只在惠州生活了两年多，写作的诗词、杂文多达587首（篇），数量仅次于在黄州的750多首（篇），其中有大量关于罗浮山的内容。由此可见，惠州的山水给苏轼带来了很多感悟。回家后的苏轼还计划着再来罗浮山，看看未"打卡"的明福宫、石楼、黄龙洞等景点。可惜，因为他的贬官身份，再加上他在朝廷里又彻底失去了庇护，回家后不久，苏轼就失去了人身自由，只有跟着上级官员才能出去走动。所以，这次旅游结束之后，苏轼就再也没有机会来罗浮山。

初到惠州，苏轼在惠州白鹤峰下买了一处宅地。也许是为了开解自己对罗浮山的相思之情，苏轼在之后写作关于惠州生活的文章时，都自称住在罗浮山下。此时恰逢惠州爆发时疫，苏轼的侍妾王

⑤ 葛洪：字稚川，自号抱朴子，东晋道教学者、著名炼丹家、医药学家，世称小仙翁。他曾受封为关内侯，后隐居罗浮山炼丹。著有《肘后方》等。他是李白、杜甫等大诗人的偶像。

朝云不幸染病。王朝云的身体早在幼子夭折之后就渐渐垮下来，染上时疫之后，更是病入膏肓，很快就离开了人世。彼时的苏轼已经两鬓斑白。王朝云去世后，苏轼大病一场，从此更无参与朝政的念头。

虽然不愿意再卷入京城的政治斗争，但是身为父母官的苏轼还是没有忘记自己的初心，尽力为惠州百姓做了很多好事。

苏轼发现惠州当地的水稻种植方式非常落后，不懂得使用一些更省力的农具，从种植到收获几乎全靠人力，甚至连耕畜都很少用。惠州天气炎热、蚊虫颇多，种水稻时，小腿需要长期浸泡在水下，因此很多农民的腿上经常生毒疮，如果救治不及时毒疮溃烂，就可能瘫痪甚至死去。苏轼有感于此，就撰写了大量宣传诗文，带头在

第十二章　不辞长作岭南人

惠州推行起了当时非常流行的农具"秧马[6]"。这款农具可以用于插秧和拔秧，使用起来非常省力。在苏轼等"文坛大V"的推广下，"秧马"很快在惠州农村得到了普及，极大地减轻了惠州农民耕作时对身体的伤害，提高了耕作效率。

乡亲们，买它买它买它！

[6] 秧马：旧时中国农具，流行于长江中下游水稻产区。外形似小船，头尾翘起，是种植水稻时用于插秧和拔秧的工具。从北宋时期开始广泛使用。

隋唐以前，惠州水道交错，沼泽遍地，根本不是宜居的地方。直到唐宋两朝，惠州的不少圩地才被南下的北方人开垦为梯田。但是因为过度开发，当地密布的水道也多遭破坏，一到雨季时就经常暴发洪灾，百姓深受其苦。

苏轼非常想帮助当地百姓，可是当地政府直言库银不足、不予帮助，自己又**囊中羞涩**，拿不出足够的钱来。无奈之下，苏轼就把自己家里值钱的东西全部变卖，充分发挥自己当年在水部任职时的工作经验，用换到的银两在西枝江等蜿蜒曲折的水道和一些重要水域修筑了东新桥、西新桥、西湖堤等水利设施。这些举措不仅帮助惠州缓解了水患，还无意间创造了一个新的景点——惠州西湖。

虽然苏轼变卖家产凑了不少钱，但是想要彻底解决惠州的连年水患，这点钱还只是**杯水车薪**。于是，苏轼又跟弟弟苏辙借了一笔钱，买下了西湖堤附近的一片陂田，建成了一片蓄水池。这就是后来的惠州鳄湖。

由于惠州地理位置偏僻，消息也比较闭塞，中央政府的政令和管辖往往难以在此深入贯彻。当地的军、政管理也非常混乱，官员和士兵常常**仗势欺人**，引得百姓**怨声载道**。因此，苏轼多次上奏朝廷，请求得到朝廷允许，在当地严肃军纪、整顿军容。为了防止官军扰民，身为节度副使的苏轼又出资建造官军营房三百余间，严令官军此后只住军营，禁止借宿民居。

后来，苏轼又发现惠州的生产力严重不足，税负却与很多富庶的地方等同，老百姓的负担非常重。于是，他屡次上书请求朝廷减

第十二章　不辞长作岭南人

轻惠州的税负，最终磨得一向抠门的朝廷同意，下诏将惠州的税负减半。当地的百姓因而得以**休养生息**。

在惠州期间，苏轼不仅勤于政事、笔耕不辍，还搞起了第二职业，以极低的学费教授岭南当地的学生，为岭南的文教事业打下了重要基石。

> 想要生活好，教育少不了！

学堂剪彩活动

苏轼来到惠州的第二年二月，他在白鹤峰下建造的房屋终于正式落成。此时，他的长子苏迈也恰好带着弟弟苏过等家人到达了惠州，与苏轼团聚。有了家人的陪伴，苏轼的心情好多了。然而，苏轼只与家人共同生活了两个多月，就又被一纸诏书发配到了祖国的最南端——更加偏僻荒凉的儋州。

苏轼虽然在惠州生活的时间不长，但是他在任期间为惠州百姓做出的贡献，却始终没有被流逝的时间抹杀掉。南宋学者洪迈在《夷坚志》中曾经记录下了这么一个有意思的故事：绍兴二年（公元1132年），江西的一伙盗匪流窜到了惠州，一把火把惠州诸多民房焚烧殆尽。然而，这伙凶悍的盗匪却对苏轼位于白鹤峰的故居**秋毫无犯**，在离开前还主动祭奠了长眠于此的苏轼侍妾王朝云。后来，洪迈给这个故事取名为"盗敬东坡"。连杀人不眨眼的盗匪都对苏轼敬佩有加，可见百姓对其**感恩戴德**之心。

第十三章
天涯儋州至白头

苏轼等一众保守派大臣被清算之后，以章惇为首的改革派大臣重新得到了重用。虽然在早年时，章惇曾经与苏轼相与携游、关系甚好，在当年"乌台诗案"的时候，章惇还曾经顶着压力帮苏轼说过话，甚至当众呵斥想要对苏轼**落井下石**的朝臣。然而，在章惇上台之后，深知苏轼才华与抱负的他没有对政见不同的苏轼等人手下留情，苏轼被贬惠州就是他的手笔。

章惇本以为苏轼被贬到这么远的地方，一定会就此**一蹶不振**，谁知道苏轼不仅没有像他设想的那样消沉下去，反而还在惠州做了很多利民的实事，博得了当地百姓的爱戴。热爱生活、善于化解逆境的苏轼还在惠州吃水果、建学校，每天睡到**日上三竿**，过得那叫一个身心惬意。

有一次，苏轼在惠州写了一首诗：

> 白头萧散满霜风,小阁藤床寄病容。
> 报道先生春睡美,道人轻打五更钟。
>
> ——苏轼《纵笔》

苏轼的这首诗写完之后,迅速被粉丝们疯狂"转发"。后来,这首诗传到了京城,坐镇京城权力中心的章惇听说苏轼二次受贬之后居然还过得这么好,气得不行,于是一纸令下,把苏轼直接贬到了当时最为偏远荒凉、满是瘴气的儋州。据说,章惇之所以将苏轼贬去儋州,除了忌惮苏轼的才华之外,还有他素来爱玩文字游戏的恶趣味的缘故——苏轼,字子瞻,"瞻"字跟"儋"字很像,所以将其贬去儋州;而苏轼的弟弟苏辙,字子由,"由"字跟"雷"字下半边的"田"很像,所以将其贬去雷州。章惇其他政敌的贬谪地也都可以此类推。

儋州古称儋耳。虽然现在儋州的所在地海南岛已经成了中外闻名的旅游胜地,每到冬天都能吸引来大量游客,然而在北宋时期,儋州还是**人迹罕至**的蛮荒地,后世的史书提及儋州时,几乎都是以"南荒""非人所居"等字眼来形容。《宋史》中对于儋州风土的描写更是凄惨又细致。

> 其地有黎母山。黎人居焉。旧说五岭之南,人杂夷獠,朱崖环海,豪富兼并,役属贫弱;妇人服緫缏,绩木皮为布,陶土为釜,

第十三章 天涯儋州至白头

器用瓠瓢；人饮石汁，又有椒酒，以安石榴花著瓮中即成酒。

——节选自《宋史》

彼时的儋州还是未开化之地，《宋史》记载，儋州人长得像猿猴，生产、生活方式也还保持着非常原始的状态，以木皮、草绳为布，以陶土和葫芦做锅碗瓢盆，物资极度匮乏，日常饮食更是难吃得惊人。在宋朝以前，凡是被流放到儋州的大臣几乎没有一个人能活着回来。因此，在北宋一朝，臣子被流放到儋州是仅比满门抄斩罪稍轻一点的罪名。

被贬儋州时，苏轼已经 62 岁了。年迈的苏轼似乎意识到了这次贬谪可能会成为他与亲友之间的**生离死别**，于是，在临行之前，苏轼就做好了一去不回的准备，认真地把自己的身后之事托付给了长子苏迈，还让苏迈为自己准备了棺材，直言"投荒之年，不复还矣"。在赶赴儋州的途中，苏轼还不放心地给弟弟苏辙也写下了一首诗，嘱托了自己的身后事。

苏轼乘着一叶孤舟漂往儋州的时候，他的身边只有他最小的儿子苏过一人。那个时候儋州还是一个蛮荒之地，初到儋州的苏轼虽然早对儋州的荒凉有了心理准备，但是当他亲眼看见这里的物产贫瘠、医疗落后、民风原始之后，他还是**情不自禁**地在给友人的回信中写下了一些牢骚。

此间食无肉，病无药，居无室，出无友，冬无炭、夏无寒泉。

——节选自苏轼《答程天侔书》

苏轼本来信奉的人生格言就是"肉食能解决眼前的一切苟且"，被贬惠州时，惠州虽然也没什么肉可吃，但苏轼还能努力创造条件啃一啃羊蝎子。可是，儋州这个**穷乡僻壤**居然连一点能吃的肉都没有。不仅没肉吃，生病了也无药可以医治。身为资深"食肉动物"的苏轼难过得不行。

儋州的地理环境和风土人情让苏轼非常不适应。时任宰相的章惇故意制造出来的困难更加使得苏轼在儋州的生活**雪上加霜**。

第十三章 天涯儋州至白头

苏轼虽然身为罪官，到底还是官员，在日常生活上比平民百姓好很多。于是，为了彻底打击苏轼的精神，将苏轼贬到儋州时，章惇特地在诏书中为他**量身定制**了"三不"禁令——不许苏轼享受官俸和官员待遇、不许苏轼居住官舍、不给苏轼签署任何公文的权力。章惇心想：自己把苏轼的行政权全给剥夺了，这样一来，即使苏轼想在儋州做出一番政绩来，也绝不可能了。

苏轼初到儋州时，因为这"三不"禁令，连居住的地方都没有。儋州当地的原住民多是黎族人，操着一口苏轼完全听不懂的方言。苏轼没法跟当地居民沟通，自然也没办法求借民房居住。幸好，当地的官员、昌化军军使张中早就听说过苏轼的大名，对苏轼照顾有加，还主动借出了自己的寓所给苏轼居住。可惜好景不长，这件事传到了章惇的耳朵里后，章惇又以一纸政令将苏轼逐出了官舍，还把帮助苏轼的张中也一并罢了官。有了张中的**前车之鉴**，这下几乎所有的官员都把苏轼看作"瘟疫"一般，能躲则躲，再也没有人敢帮助苏轼了。

在儋州的这段日子里，苏轼真正体会到了什么叫**孤立无援**。幸好，苏轼毕竟是被命运打击习惯了的人。在与亲人做好了诀别之后，苏轼坦然放下了生死之虑，尽情在儋州享受自己人生的最后时光。时间一长，他居然也适应了这里的生活。

当时的儋州居民多为土著，基本处于刀耕火种的生产水平。当时，儋州人的饮水十分不便，多是从池塘、水坑里直接取水饮用，连烧水消毒这种基本的步骤也做不到。这种颇为原始的饮水方式看得苏轼头皮发麻。于是，他在自己居所的院子里打了一口水井，又发挥当年在多地兴修水利的经验，亲自勘察儋州水道，号召当地村民掘土打井，改用更为干净卫生的地下井水代替沟渠水。儋州当地的居民起先对这个操着一口外地话的胖子（苏轼因为常年肉食不断，身材很胖）很不信任，但是，当他们尝过苏轼家里甘冽的井水之后，就**不约而同**地效仿苏轼，打起井来。

儋州当地没有什么能吃的食物，老百姓主要以地瓜为主要食材。苏轼就在当地劝课农桑，将水稻种植技术传授给了儋州人，又利用儋州水热条件好的独特地理优势，教给当地人种植更多食物的方法，极大地丰富了儋州人的餐桌。

在儋州生活的日子里，苏轼也没有改掉爱旅游"打卡"的习惯。虽然当时的儋州还没有什么值得称道的旅游景点，但苏轼还是在当地人的推荐下，"打卡"了传说中**有求必应**的、位于昌江县入海口的峻灵王石。只是不知道，在这块庇佑了儋州渔民数百年的灵石面前，苏轼许下了什么心愿。

苏轼在儋州虽然名为官员，但是没有官员的一应实权，所以日子也过得极其无聊。为了打发时间，他就开始自己制墨。古代的文化名人大都对制墨、用墨非常用心，苏轼更是如此。他制墨的手艺可谓一绝。他以儋州盛产的松树、烟煤为主要材料，采用加长烟囱、加宽灶膛的方法，制作出了一款书写流畅、笔端留香的奇墨。后来，苏轼为它取名为"海南松烟"。

除了制墨之外，苏轼还把自己的学堂从惠州开到了儋州。此前，

第十三章　天涯儋州至白头

> 哈哈，不会手工的文人不是好官员。

儋州百姓几乎人人不识字，更是从来没有人能够进士及第。苏轼来了之后，在儋州讲学明道、教化百姓，还亲自培养出了儋州第一个举人姜唐佐。自此，儋州才有了前无古人的文化盛况。

姜唐佐在进京赶考前，身为老师的苏轼特地在学生随身携带的扇子上挥笔为他题了两句诗："沧海何曾断地脉，珠崖从此破天荒。"

看到扇子上还有挺大一块留白，姜唐佐有点奇怪，就问老师："老师，这首诗是不是还没写完呀？按理说不是应该还有两句吗？"

苏轼满不在乎地拍拍小伙子的肩膀,说:"是还有两句。你别着急,等你考上之后,你再把扇子拿回来给我,我给你写完后两句。"

苏轼对这个学生寄予厚望。可惜,他没有亲眼看到学生登科及第。等到姜唐佐考中科举回来的时候,苏轼已经在北归的途中病逝。后来,苏轼的弟弟苏辙听说了这件事,才接着哥哥的这两句诗写完了后面的两句:"锦衣不日人争看,始信东坡眼力长。"

尽管被贬儋州时,苏轼已至暮年,身体状况大不如前。但是儋州仍然留下了苏轼的大量文学作品。在儋州的这两年多里,苏轼一共写诗 174 首,文 129 篇,赋 5 篇,颂 18 篇,铭 4 篇。

苏轼被贬儋州,来时虽然多有无奈,但是他最终却用自己乐观旷达的天性战胜了眼前的苦难。儋州人把苏轼看作是儋州文化的开拓者,对他怀有深深的崇敬。而苏轼本人也在与儋州百姓的相处当中,对儋州产生了深沉的感情。当他不得不离开儋州、再度宦游的时候,他甚至还颇为不舍,提笔写下了别诗:

> 我本海南民,寄生西蜀州。
> 忽然跨海去,譬如事远游。
> 平生生死梦,三者无劣优。
> 知君不再见,欲去且少留。
>
> ——苏轼《别海南黎民表》

元符三年(公元 1100 年),宋徽宗继位,随即任苏轼为舒州

第十三章　天涯儋州至白头

团练副使，调往永州安置。苏轼旋即启程，离开了这个他最后的久居之地——儋州。同年四月，宋徽宗宣布天下大赦，苏轼也得以洗刷罪名，又被朝廷复任朝奉郎。他或许终于等到了一个可以大展拳脚的时代和机会，然而，他这一生已经经历了太多的波折，已承受不住新的一轮宦海沉浮了。在北归赴任的途中，苏轼因病去世，享年65岁。

第二年，苏过按照父亲的遗嘱将他的灵柩运至汝州郏城（今河南郏县）安葬。宋高宗继位后，感念苏轼一生坎坷，追赠他为太师，赠谥号"文忠"。

第十四章
亦师亦友忘年交

（一）黄庭坚

常有人说，北宋无将，南宋无相。北宋一朝虽然没有什么叫得出名的武将，不过能担当相位的有才文臣却是一个接着一个。

南北两宋的文人气质是非常浓厚的。在政治方面，两宋有范仲淹、欧阳修、王安石、司马光、苏轼、王十朋……在思想方面，两宋有开创了儒家理学①一脉的程颢②、程颐③兄弟和后世科举官方教材主要编写者朱熹……在文学艺术方面，两宋有李成、范宽、柳永、秦观、张择端、陆游、杨万里、范成大……甚至连南北两宋的皇帝，也几乎各个文采出众，诗词书画样样精通。

北宋著名文学家、书法家黄庭坚就出生在这个名家辈出的朝代。跟他的老师苏轼一样，黄庭坚小的时候也特别聪明，在别人家的小

第十四章　亦师亦友忘年交

孩还哭着要爹妈买糖吃的时候，年方几岁的黄庭坚就能在人前写出锦绣文章。他还有**过目不忘**的本领，看过的作文再读几遍就能马上背诵出来。然而，这些优势在当时那个"文曲星集体下凡"的年代里，还完全算不上什么值得称道的履历。

都说"父母是孩子最好的老师"，然而，小时候的黄庭坚却主

"熟读并背诵全文"，小意思！

① 理学：两宋时期产生的主要哲学流派，又名为道学，是中国古代最为精致、最为完备的理论体系，影响至深至巨。
② 程颢：字伯淳，号明道，世称明道先生，北宋哲学家、教育家、诗人，理学的奠基者。
③ 程颐：字正叔，世称伊川先生，北宋理学家、教育家。

要是由他舅舅李常开蒙的。黄庭坚少年丧父，母亲改嫁之后，黄庭坚就被舅舅李常接到家来，由舅舅抚养长大。

李常是北宋皇祐元年（公元1049年）的进士，在朝堂上卓有才名，还跟后来权倾一时的宰相王安石私交甚好。因为自己膝下无子，李常就对自己这个外甥的教育工作特别上心。宋朝那会儿，书店里也没什么教辅材料和练习题，教书开蒙只能靠让孩子多读书、读好书。于是，李常将自家藏书阁的大门对年幼的黄庭坚完全敞开，还经常随手从书架上拿来一本书，就向黄庭坚提问书中的内容。李常酷爱读书，家中有藏书上万卷，堪比一个小型图书馆，想把这些书都读完着实得花几年工夫。然而，没过多少年藏书阁里的书就再也考不住小小的黄庭坚了。李常因此大为赞叹，从此更加断定自己这个外甥将来会是难得的人才。

和苏轼、王安石在20多岁时考中科举类似，黄庭坚也是在23岁的时候就考上了进士，从此走上仕途。

这之后，年轻的黄庭坚先被派往汝州叶县担任县尉④一职。期满回京之后，他又参加了四京⑤学官的考试，这次考了第一名。于是，

④ 县尉：官名，位在县令之下，主管治安。
⑤ 四京：北宋有四个京城，即北京真定（今河北保定）、南京应天（今河南商丘）、西京洛阳、东京开封。

第十四章　亦师亦友忘年交

朝廷留他在京城当了国子监教授，期满后又因成绩卓越，再次留任。

此时，黄庭坚与苏轼还未相识相知。直到一次偶然的机会，苏轼在外漂泊时偶遇黄庭坚的岳父孙觉，孙觉有意抬举自己的女婿，就故意拿出黄庭坚的作品，请苏轼品鉴一番。苏轼也没什么事情做，就接下文章**漫不经心**地读了一读，没想到这一读不要紧，苏轼的目光瞬间就被这些诗文作品彻底吸引住了。

看完诗文之后，苏轼立刻一拍大腿，赞叹道："多么超然的文字风格，当下文坛已经很久都没有这么好的诗文了呀！"

后来，苏轼与黄庭坚的这段"文字初遇"，被《宋史》记录在册。

> 苏轼尝见其诗文，以为超轶绝尘，独立万物之表，世久无此作，由是声名始震。
>
> ——节选自《宋史》

苏轼夸赞黄庭坚的这番话被孙觉等人传扬出去之后，原本只是一位"名校教师"的黄庭坚迅速在京城打响了名头。然而，此时的黄庭坚只知道自己**莫名其妙**地被当时的"文坛大家"苏轼给夸了，至于苏轼为啥会看到自己的文章，为啥会夸奖自己，以后自己又会与这位苏大学士有何种互动，他还一概不知。

直到数年之后，苏轼与黄庭坚才有了第二次"文字相遇"。

这一次的主要牵头人，是黄庭坚的舅舅李常。

再读黄庭坚的作品，苏轼还是觉得其作超凡绝尘，卓然于当世

给孩子看的苏轼传

> 让你见识见识大流量的带货能力！

> 我红啦！

黄庭坚

350 关注 | 粉丝 +999 | 1439 微博

　　万千作品之上。于是，在李常的安排之下，远在外地的黄庭坚给苏轼写了一封感情真挚的书信，并附上了自己近期写的新作品。苏轼认真地点评了黄庭坚的新作，并回了信。从这之后，黄庭坚与苏轼终于有了交情。

　　虽然两人此时还没有见过一面，但是因为欣赏彼此的文笔，从此之后，两个人日常的文学互动迅速多了起来。

　　仕途上一直不太如意的苏轼后来逐渐学着寄情于山水田园。苏轼写一首《春菜》，黄庭坚立刻写一首《次韵子瞻春菜》。不久，苏轼又写了一首《薄薄酒》，黄庭坚也接着写《薄薄酒二章》。

　　跟苏轼的交情多了之后，黄庭坚也成了苏轼的"粉丝"，开始了日常"追星"：不是感慨偶像的才能如同大江大河，就是感叹偶

第十四章　亦师亦友忘年交

像的诗词意境悠远、发人深思、回味无穷。

后来，苏轼因"乌台诗案"被捕入狱，被折磨了整整 103 天。在改革派大臣的铁腕下，当时的朝臣都急于落井下石，或是与苏轼撇清关系。然而黄庭坚却率先跳出来力挺苏轼，最后也惨遭贬谪。

爱好改革与折腾的宋神宗去世后，以苏轼皇家"女粉丝"高太后为首的保守派再度"出山"。一直被贬在外的苏轼也终于得以在鬓发斑白时调任回京，过几年舒心日子。而苏轼也终于与黄庭坚在京城线下正式会面了。在京城的几年，苏轼与黄庭坚经常彼此串门，讲道论艺。

黄庭坚也是从这时起才正式拜了苏轼为师，成为后世著名的"苏门四学士"之一。

请问你是"我爱东坡肉"吗？

是我是我。

当时的文化人都喜欢焚香,在香炉前吟诗作对、把酒唱和,一时成为风雅之事。苏轼与黄庭坚也是焚香爱好者。二人后来有了经常见面的机会之后,黄庭坚就常常派人去搜罗各地名香,然后在家中焚香备茶,邀请苏轼来家中品茶论道。

苏轼也曾写诗记录这段往事。

四句烧香偈子,随香遍满东南。不是闻思所及,且令鼻观先参。万卷明窗小字,眼花只有斓斑。一炷烟消火冷,半生身老心闲。

——苏轼《和黄鲁直烧香二首》

黄庭坚虽然以苏轼为师,也处处宣扬苏轼才华卓越,一生都对苏轼保持着最初相遇时的仰慕和尊重,但是他自己却并没有活在老师的影子当中。黄庭坚的诗文风格也好,书画风格也罢,都与老师苏轼不尽相同,而是自成一派。

晚年的苏轼因为保持自己的政治态度,被保守派和改革派大臣不待见。他的仕途也因此**一落千丈**,从京城一路被贬到了祖国的最南端。而黄庭坚也因为**无时无刻**不力挺老师,导致自己后期也是被一贬再贬。

苏轼去世后,黄庭坚悲痛万分,竟然痛苦得几天几夜都说不出一整句话来。后来,他亲自画了一幅老师苏轼的画像,并将这幅画高高地挂在了自家壁龛里,每日晨昏叩首敬香。

苏轼与黄庭坚既是师生,也是知己。他们之间的师生情,是在

第十四章　亦师亦友忘年交

一方无名时的提携欣赏，也是在一方危难时的鼎力支持；是**志同道合**、相与携游，也是相互欣赏、彼此信任和成就……

亦师亦友，教学相长。或许这就是最良性的师生关系该有的样子吧。

（二）秦观

作为"苏门四学士"之一，秦观与老师苏轼的性子是最不相投的。众所周知，苏轼的词作风格被称为"豪放派"，那得是西北大汉喊着号子唱出来才有其味道。然而，秦观的词却是婉约温柔的，如同还未出阁的窈窕少女。苏轼与秦观的个性也不一样，苏轼旷达乐观，热爱生活，人生格言就是"世界上没什么事是一顿肉不能解决的，如果有，那就再吃两顿"。而秦观生来性格忧郁孤独，敏感又温柔。那么，这俩性格、三观完全不同的人，究竟是靠什么彼此兼容，最终谱写出了一段青史有名的师生情分的呢？

在未认识"文坛大家"苏轼之前，秦观就是一个在地方小有名气的词作家。或许是因为相同的温婉习气，他的词作在同样气质温婉的江南一带特别受欢迎。因此，与黄庭坚不同，秦观跟苏轼的相遇，纯粹靠的是"市场效应"。

元丰年间，江南一带开始流传起一首名为《满庭芳·山抹微云》的流行歌曲。那歌词是这么写的：

人间不值得！

兄弟，吃顿东坡肉就值得了！

　　山抹微云，天连衰草，画角声断谯门。暂停征棹，聊共引离尊。多少蓬莱旧事，空回首、烟霭纷纷。斜阳外，寒鸦万点，流水绕孤村。

　　消魂。当此际，香囊暗解，罗带轻分。谩赢得、青楼薄幸名存。此去何时见也？襟袖上、空惹啼痕。伤情处，高城望断，灯火已黄昏。

　　这首词的作者就是秦观。后世评价这首词时，总是不吝赞叹其笔法高超、韵味深长，尤其是一个"抹"字，更值得玩味。因为这首词在当时的传唱度太高，后来，秦观还因此多了一个外号，叫"山抹微云君"。

第十四章　亦师亦友忘年交

秦观因为这首《满庭芳·山抹微云》小火一把的时候，苏轼刚刚经历了人生的逆境，因"乌台诗案"而被贬至黄州。黄州地处江南一带，虽然不如苏杭富庶，却也有酒肆，有歌女，自然也就有听到当世流行歌的机会。于是，苏轼偶然间听到了这首词，便也知晓了这首歌词的作者——秦观。

秦观，秦观……这个名字咋这么耳熟呢？苏轼一拍脑袋想起来了，我一年前还见过这个人呀！时间回到一年前，那还是在元丰元年（公元1078年）的时候，苏轼偶然路过一座山间寺庙，居然发现寺庙里有落款为自己名字的诗词。苏轼当时有点蒙，仔细一琢磨还有点害怕，心下嘀咕：自己以前从没来过这里，可是这词作又的确是自己才有的风格，难不成自己穿越了吗？

苏轼本以为自己经历了几千年来最大的悬幻事件，最后，还是寺庙常住的老者给他解了谜。老者拿出一个年轻人的诗词请苏大学士鉴赏，苏轼读完立刻就明白了，那个仿照自己文风在寺庙里题诗的肯定也是这个年轻人。于是，他立刻派人邀请这个年轻人有空一起喝酒。

这个年轻人，就是秦观。秦观自小就是读着苏轼的诗词长大的，是苏轼的铁杆粉丝，也是因为苏轼的原因才走上了文学创作的道路。于是，当成年后的秦观听闻苏轼的行程安排之后，便故意模仿偶像的文风和笔迹，在苏轼的必经之路上题了诗，又找了一个"托"帮自己引荐，这才吸引到了偶像的目光，有了跟偶像私下见面的机会。

苏轼与秦观"互粉"之后,互动也跟着多了起来。初见偶像的秦观非常激动,提笔写了一篇《黄楼赋》相赠。苏轼看到之后,也写了《太虚以黄楼赋见寄作诗为谢》作为答谢。在这篇"感谢信"当中,苏轼毫不吝惜对秦观的喜爱。虽然此时的秦观还只是一介"素人",但是,众所周知,苏轼除了是"文坛大家"之外,还一直主动承担着"文坛星探"的角色。于是,他热情洋溢地给世人推荐秦观,直言其有屈原、宋玉之才。

> 我诗无杰句,万景骄莫随。夫子独何妙,雨雹散雷椎。
> 雄辞杂今古,中有屈宋姿。南山多磐石,清滑如流脂。
> 朱蜡为摹刻,细妙分毫厘。佳处未易识,当有来者知。
> ——节选自苏轼《太虚以黄楼赋见寄作诗为谢》

苏轼与秦观见面之后,两个人在徐州一起交游数月,一同游览了吴江、湖州、会稽等地的名胜古迹。在这期间,苏轼也正式收了秦观为徒。临别之际,秦观又给苏轼写了一首感情真挚得有些肉麻的告白诗《别子瞻学士》。在这首诗的开头,秦观就大大咧咧地说:"人生在世的意义是什么呢?世人各有所求,然而对我来说,功名利禄都是浮云,见偶像一面才是正解。"

然后,秦观带着偶像的祝福和满心的幸福去京城赶考了。再然后,落榜了。

这个故事告诉我们,适度追星,避免沉迷,学习第一。

第十四章　亦师亦友忘年交

　　落榜之后的秦观很伤心，不仅是为自己饱学多年、**功亏一篑**而伤心，更是为自己被命运捉弄而伤心。他出身贫寒，连读书的钱都是从亲戚、邻居那儿**东拼西凑**借来的。他本来想靠科举一朝改变命运，谁知造化弄人。所以，秦观此番落榜回家，想必是没有受到什么好待遇的。

　　于是，秦观开始频繁地给苏轼写信，希望从偶像这里获得一些慰藉。

　　彼时的苏轼正站在人生的转折点上。由于遭受到"乌台诗案"的牵连，苏轼每天都过得**提心吊胆**的。明知自身尚且难保，但是，苏轼却也深知自己这个"小迷弟"的性格和遭遇。于是，为了鼓励

我简直是"追星赢家"！

14:30

消息
用户苏轼关注了你

天性敏感抑郁的秦观振作起来，苏轼努力地给秦观回信，还时不时托亲友给秦观送一些新书当礼物。

秦观每次收到苏轼的回信和礼物都会开心好几天，过了一段时间之后，他居然真就从落榜的阴影中走出来了。

我要振作！

秦观写的《满庭芳·山抹微云》在江南一带火了之后，被贬黄州的苏轼也写了一首词牌名为《满庭芳》的词为和。后来，两个人**心照不宣**地以这首词牌唱和了多次，苏轼也似乎一直在以《满庭芳》的唱和开导天性忧郁的秦观。

第十四章 亦师亦友忘年交

苏轼此生一共用《满庭芳》这个词牌写了五首词，秦观写了六首。尽管苏、秦二人的词作风格一属豪放、一属婉约，但他们的这些词作却都流传后世，成为不可多得的文学佳品。不知是不是受到了秦观的影响，后来，苏轼还少见地写作了一些婉约词，比如《蝶恋花·春景》。提到这个题目，或许有很多人会觉得有点儿陌生，可若是提到里面的一句"天涯何处无芳草"，想必就不会有人觉得不熟悉了。没错，这句现代人用来宽慰自己不要执着于一处的词句，就是出自这首《蝶恋花·春景》。

花褪残红青杏小。燕子飞时，绿水人家绕。枝上柳绵吹又少，天涯何处无芳草？

墙里秋千墙外道。墙外行人，墙里佳人笑。笑渐不闻声渐悄，多情却被无情恼。

——苏轼《蝶恋花·春景》

虽然天性达观的苏轼在身遭贬谪时，可以安慰自己"天涯何处无芳草"，可是他的徒弟秦观却偏偏是一个性格非常"一根筋"的人，一旦陷入阴郁情绪，就很难走出来。不过，这种"一根筋"的性格也塑造了秦观的长情。在老师苏轼被贬谪之后，很多曾经与苏轼交好的朋友都为了避祸而远离了他，然而，秦观却不顾自己的仕途，自始至终都跟老师苏轼保持着步调和立场上的一致，无论苏轼在政坛上是顺是逆，秦观都不曾离他而去。

然而，秦观的仕途之路比他的老师苏轼还要坎坷。第一次科举落榜之后，秦观回家认真备考，又考了一次，结果再次落榜。直到元丰八年（公元1085年），36岁的秦观才考中了进士。这个年纪在当时那个人均寿命不到40岁的时代，已经算是非常大了。

好不容易科举考中了，然而考中之后的秦观却并没有得到重用。当时，北宋朝廷的核心权力主要掌控在改革派大臣手中，因为秦观跟苏轼这个保守派代表人物的关系太过亲近，所以最初只被朝廷封了一个很小的官职。直到改革派大臣下台，苏轼等保守派大臣重新得到朝廷重用之后，秦观才在苏轼的引荐下步步高升，历任太学博士、秘书省正字，后来又被调到京城负责编修国史。

在京城任职的这几年也是秦观一生当中过得最顺遂舒服的一段时间。他不仅终于得以再度常伴老师苏轼左右，在工作方面，他也与其他几位苏门学士黄庭坚、晁补之、张耒一同在国史馆上班，彼此之间相交甚笃。在老师苏轼的鼎力宣传之下，时人称他们四人的组合为"苏门四学士"。

可惜，这段欢乐的时光没有持续多久。绍圣元年（公元1094年），宋哲宗亲政后，改革派大臣重新上台执政，苏轼、秦观等人再度遭到贬谪。苏轼一路从京城被贬到祖国的最南端儋州。秦观也没有好到哪里去，先后出任杭州通判、处州监酒税等职务，后来又被贬到郴州、横州、雷州……官越做越小，地方也越贬越偏僻。由于与苏轼过从甚密，秦观被贬到横州时，甚至连人身自由都被剥夺

第十四章 亦师亦友忘年交

了。在荒无人烟的横州，秦观贫病交加，每天只能在监视官员的监督下过日子：这儿不能去，那儿不能去，做什么事情、联系什么人都要事先打报告，每隔一段时间还要给朝廷上交检讨书……这样的日子过久了，本就多愁善感的秦观越发抑郁难平，也越来越觉得自己命不久矣。

电影《非诚勿扰2》中有自己参加自己葬礼的桥段。其实，这个桥段还真不是无迹可寻的。在被贬到更为偏远的雷州之后，秦观就**冒天下之大不韪**，亲手给自己写了挽词。挽词写完之后不久，秦

观就赶上了几十年难得一遇的天下大赦。然而，多年的积郁和贫寒生活的摧残已经让他病入膏肓，最终，秦观病逝在回京的途中。苏轼听闻秦观病逝的消息之后，悲痛叹道："太可惜了！世上再也没有这么好的秦少游了！"

都说性格不同的人在一起容易"打架"。苏轼与秦观虽然性格不同、文风不同，但却因为志趣相投而彼此相知。或许这就是二人"互相兼容"、彼此欣赏的原因所在吧！

第十五章
一蓑烟雨任平生

在人生最得意的时候,苏轼因为"乌台诗案",惨遭政敌诽谤,险些成为北宋一朝第一个被斩杀的文臣。直到太后出面求情,苏轼才逃脱一死,被贬黄州。此后,苏轼虽然也曾东山再起过,但是没有持续多久就又被排挤出京。"贬谪"成了他后来人生的主旋律。

虽然被贬的生涯占据了苏轼的大半辈子,但是苏轼原本有些**恃才傲物**的性格却也在命运的一次又一次打击当中,被磨炼得坚毅又旷达。

虽然被贬黄州的日子过得非常痛苦,但好在苏轼很快调节好了自己的情绪,也逐渐适应了黄州的生活。在靠着种地收租过上安稳生活之后,苏轼常在闲暇之余与好友泛舟湖上,寄情于山水之中。

被贬黄州的第三年,苏轼在与朋友回家的途中遇到大雨。同伴们狼狈躲雨,苏轼却不以为意,在雨中**我行我素**地继续前行。好在

南方的雨并不似北方一样冰寒刺骨，苏轼虽被浇了个透心凉，但回家后没有感冒。

后来，苏轼把这段淋雨前行的经历写进了词里。这就是旷达到了极点，被后世许多文人墨客引以为座右铭的《定风波·莫听穿林打叶声》。

莫听穿林打叶声，何妨吟啸且徐行。竹杖芒鞋轻胜马，谁怕？一蓑烟雨任平生。

料峭春风吹酒醒，微冷，山头斜照却相迎。回首向来萧瑟处，归去，也无风雨也无晴。

——苏轼《定风波·莫听穿林打叶声》

第十五章 一蓑烟雨任平生

后来,朝廷有心想要重新启用苏轼,就将他从黄州调往离京城稍近一些的汝州为官。在汝州的生活虽然短暂,苏轼却仍然不改热爱生活、淡泊名利的性子。当政敌们还在为他可能重获圣恩而恨得咬牙切齿的时候,苏轼自己却正对着一大堆汝州当地特产的山菜陷入沉思,好不容易做出了一盘新菜肴,他夹一筷子放嘴里一尝,好吃得不得了。于是,即将重新走入朝廷权力中心的他立刻提笔作词,写的却还是做菜的事情。

> 细雨斜风作晓寒。淡烟疏柳媚晴滩。入淮清洛渐漫漫。
> 雪沫乳花浮午盏,蓼茸蒿笋试春盘。人间有味是清欢。
> ——苏轼《浣溪沙·细雨斜风作晓寒》

不出政敌们所料，苏轼回到京城之后，在八个月之内以"坐火箭"一般的速度迅速升官，一跃成为正三品的翰林。可是没过多久，他就又因为自己疾恶如仇的性子，在朝臣的排挤下被贬出了京城，后来又被贬到了极为荒凉偏僻的惠州。在惠州的日子虽然比黄州更清苦，但苏轼也没有改变自己的达观。

惠州地处祖国南段，因为气候炎热、水热条件好，所以盛产甜美多汁的热带水果，尤其盛产荔枝。苏轼在这里吃得更开心了——想当年，唐明皇的宠妃杨贵妃为了吃到这些荔枝，不惜差人快马加鞭地从南运送。自己如今却每天都能吃到最新鲜的荔枝，自己现在岂不是过得比贵妃还爽？！

苏轼这么一想，被贬的抑郁不平立刻就消散了。于是，他每天都要吃上好几斤荔枝，还专门为荔枝写了一首诗，表达自己为了水果"**乐不思蜀**"的心情。

罗浮山下四时春，卢橘杨梅次第新。
日啖荔枝三百颗，不辞长作岭南人。

——苏轼《惠州一绝》

除了荔枝之外，苏轼还喜欢上了吃橘子。惠州的橘子甘甜可口，也好吃极了。于是，为了表示自己对橘子和荔枝的爱大致相当，苏轼"一碗水端平"，也给心爱的橘子写了一首词。

第十五章　一蓑烟雨任平生

菊暗荷枯一夜霜。新苞绿叶照林光。竹篱茅舍出青黄。
香雾噀人惊半破，清泉流齿怯初尝。吴姬三日手犹香。

——苏轼《浣溪沙·咏橘》

苏轼在这首《浣溪沙》中细致地将橘子的形态及他剥橘、吃橘时的过程描写出来。尤其是"香雾噀人惊半破，清泉流齿怯初尝"一句，更是堪称中国古代词作细节描写的**神来之笔**。不知道大家有没有认真观察过，橘皮在被剥开时总会有水雾溅出，然后迸发出一阵清爽诱人的香气。苏轼就抓住了这个特点，将橘子剥皮时散发出

大宋美食家苏轼

接下来是清香诱人的橘子！

香雾的视觉体验和自己咬破果肉、初尝果汁时的味觉感受描写下来，颇有生活之味。在最后一句，苏轼更是回味了橘皮之香，直言饱餐一顿橘子之后，留在手指间的橘子余香三日不绝，令人回味无穷。

看到苏轼在惠州过得这么舒服，他的政敌们又不高兴了。于是，苏轼又被贬到了在当时最为偏远落后的儋州。彼时苏轼已经行至垂暮，此去儋州，苏轼自知很难再活着回来，于是他给长子和弟弟写信交代后事，又为自己准备好了棺材。放下了生死心之后，苏轼也重新变得达观起来了。于是，在两年之后，他等到了朝廷大赦天下。他坐着船一路北归，途经岭南时，在石壁上写下了一首无名词。

鹤骨霜髯心已灰，青松夹道手亲栽。
问翁大庾岭头住，曾见南迁几个回？

苏轼虽然已经两鬓斑白，但是仍然不改孩子一般的童心。在诗的末尾，苏轼欣喜地跟当地一位年纪很大的老大爷笑谈："大爷，您在这里活了这么大年纪了，您看到过被流放到儋州后还能活着回来的吗？古往今来，能有这么幸运的人，唯我苏子瞻一人而已！"

苏轼虽然得以北归，也似乎感觉到朝廷有意再次重用他，只可惜，他等待这一刻已经等了太长时间，如今早已心如死灰了。最终，苏轼在北归的途中病逝。去世前，他用最后一首诗概括了自己风雨不断的一生：

第十五章　一蓑烟雨任平生

心似已灰之木,身如不系之舟。

问汝平生功业,黄州惠州儋州。

——苏轼《自题金山画像》

虽然苏轼的一生充斥着无数贬谪和失败,但是到了总结毕生经历的时候,苏轼却用他半生走过的贬谪路线——黄州、惠州和儋州来概括自己一生的功业。

诚然,无论是在古代还是现代,几乎每一个人都不愿意接受失败和打击。但是苏轼却能将生活的风雨视若等闲,把失败的经历转化为成功。这或许就是他为历代所称道的过人之处吧。

第十六章
岁月沉淀的"吃货"

如果大宋要举办一场食神争霸赛,那么夺冠的非苏轼莫属。为什么说只有苏轼才能够成为**当仁不让**的"大宋第一美食家"呢?且听我慢慢道来。

首先,苏轼对于吃的讲究可谓无人能比。

孔子有云:"食不厌精,脍不厌细。"意思是,饭要做得、吃得越精细越好。饱读诗书的苏轼深入贯彻了孔夫子他老人家的饮食观念,想尽一切办法让自己吃好喝好。虽然苏轼一生中的大部分时间都在全国各地**颠沛流离**,但是他却能充分利用当地食材,做出具有地方特色和季节特色的菜品。

被贬黄州的日子太无聊,那干点啥呢?苏轼想了想,决心改行做"美食家"。

在黄州生活的第二年,**百无聊赖**的苏轼开始自创美食,走上了

第十六章 岁月沉淀的"吃货"

"吃播"和"美食创作家"的道路。有一次，他在家里闲着没事，居然自创出了一种酥脆的油饼，取名为"为甚酥"。他还以第三人称的视角给这个饼写了一首诗。

> 野饮花前百事无，腰间唯系一葫芦。
> 已倾潘子错注水，更觅君家为甚酥。
>
> ——苏轼《为甚酥诗》

"为甚酥"之名还有一个由来。有一天，苏轼用这款自创油饼招待来访的客人。客人一尝，觉得饼酥脆可口，于是就问苏轼："这个饼叫什么名字呀？为甚这么酥呢？"

文言当中，"为甚"就是"为什么"的意思。苏轼一时也答不上来，究竟是面和油的配比让饼子起酥，还是其他的什么原因使然。于是就以"为甚酥"为其命名。

客人回家去之后，苏轼坐在灯下，就作了这首《为甚酥诗》。

苏轼用长江白鱼做羹，也吃鲈鱼、河豚，还另辟蹊径创造了"东坡肉"和"东坡肘子"等一堆以猪肉为主要食材的菜肴，也直接带动了"二师兄"相关菜肴的发明。

俗话说："有肉无酒食无味。"苏轼好不容易在黄州找到了肉吃，激动得每天都得吃两大碗才满意，那要是不配酒怎么能尽兴呢？然而，在黄州的苏轼穷得恨不得一文钱掰成两半花了，每天买酒喝根本不现实。而在北宋一朝，酒和盐、铁一样都属于官营产品，由官府统一定价，其他任何人不得酿造和贩卖，违者将判处流放重罪。这可怎么办呢？苏轼心想，我这一个被外放黄州的京官，不也已经是流放了吗？还怕什么？于是，他就自己在古书里找了一份酿酒的方子，偷偷在院子里酿了两坛米酒。

虽然苏轼是大宋资深美食创作家，不过，他毕竟刚刚一脚踏入"自酿"圈，所以，他这第一次酿酒就"翻车"了。过了几天后，苏轼请了朋友们来开坛尝酒，结果，朋友们喝了他酿的酒之后纷纷腹泻，闹腾了好一阵子。

虽然首次"自酿"的成果不尽如人意，苏轼还是高兴地给自己

第十六章 岁月沉淀的"吃货"

的这两坛酒取名为"蜜酒",还把自己这次酿酒的经历写成了诗。

> 西蜀道士杨世昌,善作蜜酒,绝醇酽。余既得其方,作此歌遗之。
> 真珠为浆玉为醴,六月田夫汗流泚。
> 不如春瓮自生香,蜂为耕耘花作米。
> 一日小沸鱼吐沫,二日眩转清光活。
> 三日开瓮香满城,快泻银瓶不须拨。
> 百钱一斗浓无声,甘露微浊醍醐清。
>
> ——节选自苏轼《蜜酒歌》

据说,苏轼写的这首诗流传出去之后,他的很多粉丝也都纷纷效法,"蜜酒"由此成为大宋当季爆款产品。只不过,相较于佐餐来说,这款酒的清肠效果或许更佳。

有一天,苏轼跟儿子琢磨着用甜山芋做了一碗羹,苏家人尝过以后,居然觉得味道特别好。后来,这道羹就成了苏家的看家菜品。

黄州有长江环绕,长江出产一种白鱼,苏轼就以新鲜得能攥出水的竹笋炖鱼,做出来的这道菜每次一上桌就被家人们抢空了。这道菜就是"东坡鱼"。

黄州还产河豚。从古至今的吃货都知道,河豚味美却有剧毒,如果处理不当很容易丧命。然而,苏轼却不在乎那个。他一有机会就钻进黄州的饭馆里吃河豚,还美滋滋地说:"河豚味美,值得一死!"

给孩子看的苏轼传

> 我有毒,我是真的有毒。

> 太好吃了!就算死也值得!

> 大神,吃这鱼不小心的话会死的!

（苏轼独家秘方）

　　从黄州转迁汝州之后,在某一个绵绵细雨天,苏轼再次发挥"瞎做"技能,把白鱼肉跟汝州春天新出产的蓼菜、新笋、苦菜等山菜一起放锅里大火爆炒,居然真做出一道看起来不算太差的菜肴。菜盛出来后,苏轼这次本着"不要坑害大家"的原则,自己先尝了一

第十六章 岁月沉淀的"吃货"

筷子，瞬间就被其鲜美滋味所折服，最后还写出了"人间有味是清欢"的名句。不愧是吃货王啊！

在物资匮乏的惠州，苏轼动用了身为偶像的影响力，跟市场上卖羊肉的商贩说："那个啥，跟你商量一件事，你能不能每天把卖剩下的羊脊骨都送给我吃？"商贩虽然没怎么读过苏轼的诗词，但是他也听说过苏轼"大宋第一美食家"的大名，于是欣然应允。毕竟，当时这种羊脊骨并不值钱，不送给苏轼也只能白白扔掉。是的，你没有猜错。苏轼也是我国史上第一个吃"羊蝎子"的人。接下来，我们来看一下苏轼版"烤羊蝎子"的技术总结。

苏轼先用热水把新鲜的羊脊骨肉彻底煮烂，再用米酒浇在羊脊骨上，再在羊脊骨的"伤口"上多撒点盐，腌制入味。最后，苏轼

每日一串，岂不美哉！

再用炭火烤到羊脊骨上的嫩肉微焦，这样一来，一道味美赛海鲜的"烤羊蝎子"就做成了。

其实，苏轼也不是不想吃羊肉。只是在北宋一朝，羊肉价格极其昂贵，远非为官清廉的苏轼能承担得起的。再加上，苏轼多遭贬谪，乃是罪臣出身，更不敢跟达官贵人抢羊肉吃。所以，苏轼创造出羊脊骨的吃法，也实属无奈之举。他还写家书跟弟弟苏辙自嘲说，因为这道菜实在太香了，自己每次吃时都会把骨头上的肉啃得一干二净，惹得围在自己身边的狗狗们非常伤心。

除了吃羊蝎子之外，苏轼还疯狂爱上了惠州物美价廉的热带水果，荔枝、龙眼，一个都少不了。

因为儋州偏远无肉，苏轼着实苦恼了一阵子。然而，某一天，当地的渔夫给他送来了一些刚捕捞上来的生蚝，苏轼盯着那些脏兮兮的贝壳想了半天，忽然突发奇想，用刀子把那些生蚝剖开，放入沸水中煮熟，再用酒、盐调味。这道菜做好之后，苏轼把生蚝肉从贝壳里挑出来，放到口中一尝，果然滋味甚好。

就这样，"食肉动物"苏轼终于在儋州找到了不仅能吃，而且还很好吃的肉。苏轼高兴得不得了，还特地写了一封信给长子苏迈说："儿子，你听我跟你说，儋州的生蚝可好吃了。你千万别跟北方那些人说呀，我怕他们听说了就过来跟我抢吃的。"

苏轼不仅擅长研究美食，对于喝茶也非常讲究。即使是在当时还十分闭塞、人烟稀少的儋州，苏轼也没有忘记对一盏好茶的追求。每当深夜睡不着时，想喝茶了，他就自己摸着黑、踩着石头去取清

第十六章 岁月沉淀的"吃货"

泉水,然后回到家自己生炉煎茶。儋州的自然环境好,泉水的滋味也是甜美的。好水煮出来的茶也好喝,苏轼喝得高兴,忍不住一下子喝了三大碗,结果更睡不着了。

于是,苏轼一边瞪大了眼睛坐在床上发呆,一边在打更人敲更鼓声的陪伴下,于深夜写了一首诗。

> 活水还须活火烹,自临钓石取深清。
> 大瓢贮月归春瓮,小杓分江入夜瓶。
> 雪乳已翻煎处脚,松风忽作泻时声。
> 枯肠未易禁三碗,坐听荒城长短更。
> ——苏轼《汲江煎茶》

时至今日，以苏轼的名字命名的菜肴，有东坡肉、东坡鱼、东坡羹、东坡豆腐、东坡肘子等很多道，盘子连起来，可绕当年的"东坡雪堂"两圈。

为什么苏轼能成为"大宋第一美食家"？究其原因，还是跟他热爱生活、乐观豁达的性格有关。虽然苏轼一生颠沛流离，屡遭贬谪，有志难舒，但是因为他的旷达天性，即使当下的生活充斥着苟且，苏轼也能用自己的乐观，把眼前一地鸡毛的生活过得有滋有味。

结语

君子如玉亦如钢

苏轼是我国著名词人、诗人、书法家和画家。除了文学家和艺术家的身份之外，苏轼还是一位非常有才能和抱负的政治家。

苏轼早年曾经在杭州、密州等多地为官，每到一地，苏轼就会尽全力为当地老百姓服务。无论自己的官位是大是小，是否拥有实权，只要看到地方政务上有做得不对的地方，苏轼总要管上一管。苏轼为官几十载，被命运调教了不知道多少次，可是从来没有学会唯上是从，更不会**明哲保身**，在恶行面前**三缄其口**，而是会认真体察民情，**设身处地**地为百姓着想，想尽办法维护百姓的利益。

在密州时，苏轼发现当地的农业官员为了业绩，强迫地方百姓按照朝廷的规定进行农事，否则就以"违背朝廷制度"的重罪论处。苏轼非常看不惯这种乱扣"高帽子"的行为，就对负责刑狱的提刑官说:"如果是朝廷判定了这种罪名,倒还让人信服,可是这样的话出自农业部官员之口,又能有几个人真心服从呢?那些官员是假传圣旨,捏造法律,应该严厉处罚。"

苏轼有意立刻罢免那些仗势欺人的官员,吓得提刑官连连为他们求情。没过多久,朝廷也听说了此事,在看到了苏轼的汇报之后,才取消了按农桑业绩评定官员功绩的做法。

后来,密州出现了一伙盗贼,朝廷安抚司闻言,就派了官吏前来抓捕。可是,这些官吏不仅没有抓到盗贼,反而在密州**横行霸道**、欺凌百姓,因为他们有朝廷官位在身,密州官员根本不敢阻拦。这些人很快就化身为新的更加凶悍的"盗贼",引得百姓怨声载道。最后,百姓们集体跑到苏轼府上告状。苏轼看过百姓们联名的万言书之后,只是随手一扔,说了一句:"官差怎么可能行恶到这种地步呢?那帮老百姓太**小题大做**。"

那些作恶的官差听说百姓们去告状之后,本来有意造反保命,听到苏轼这么说,他们也就都安下心来,自以为风平事过。可是当天夜里,苏轼就立刻带官兵包围了这伙恶人,将他们**一网打尽**了。

在密州为官时,苏轼虽然已经人到中年,心性却仍然不改当年热血。在密州,苏轼写下了很多表达自己**雄心壮志**的诗词,其中最为著名的就是《江城子·密州出猎》。

老夫聊发少年狂,左牵黄,右擎苍,锦帽貂裘,千骑卷平冈。为报倾城随太守,亲射虎,看孙郎。

结语　君子如玉亦如钢

酒酣胸胆尚开张。鬓微霜,又何妨!持节云中,何日遣冯唐?会挽雕弓如满月,西北望,射天狼。

——苏轼《江城子·密州出猎》

苏轼在密州生活了两年多,随后又被紧急调到了徐州。当时,徐州正遭遇着百年不遇的大洪水,洪水漫灌山野,几乎要破城而入。这时候,徐州城内的富人都开始收拾银两细软,准备逃出城去避祸。苏轼就把他们召集到城墙上,**义正词严**地跟他们保证:"只要有我苏轼在徐州一天,徐州城就绝对不会被洪水冲破!请大家相信我,跟我一起守城,不要离开徐州!"富人们听到苏轼的保证,就都放下了行李,开始帮助苏轼抗洪。为了抗洪,苏轼甚至破例调动了驻守徐州的禁军。官、军、民齐心合力,冒着暴雨在旧城墙的东南边筑起一道长堤,又加固了原有的城墙。最终,徐州城在洪水的肆虐

万众一心,坚持抗洪!

下得以保全。

后来，洪水退去。苏轼先是上奏朝廷，请求调动人力、物力加固了徐州堤坝，以备日后防范水患。然后，**深谋远虑**的苏轼又认真思考了徐州一地在全国范围内的地位，并向朝廷上书，从历史、经济、交通等多种角度分析了徐州的重要性，请求朝廷对徐州这一军事、经济要地予以重视。他还敏锐地发现了徐州丰富的钢铁和煤炭资源具有的经济意义，并向朝廷列举了自己对于徐州经济发展的一些建议。此外，苏轼还在奏折中提出了自己对于选拔地方人才的建议，并提出了加强地方官管理权限的必要性。

在北宋一朝，皇权得到了极大程度的集中。北宋皇帝有感于唐朝末年地方藩镇割据的混乱，为了防止地方官员**拥兵自重**、有不臣之心，对于地方臣子的监视是非常严格的。在当时，地方的粮食、银两、布匹、兵器等都要运送到朝廷指定的仓库封存，不得放在地方政府的库存中。地方官无论要做什么事情，都必须先上报朝廷，征得朝廷同意之后才能着手去做。苏轼在地方为官多年，深感这种做法的不便，于是大胆上书，直言其中弊端，希望朝廷允许地方官拥有一定"先斩后奏"的应急之权，这样才能保障社会安定。可惜，苏轼的谏言触犯了北宋皇帝的权威。他的提议虽然有可取之处，却没有得到采纳。

苏轼一生都非常热爱工作。在早年为官时，他甚至为了工作，几次经过家门都没时间进去探望，大有大禹治水"三过家门而不入"的情操。到后来，苏轼被贬到黄州，名为官员，实则无权之后，苏

结语　君子如玉亦如钢

轼才得以闲下来，驾一叶扁舟，看看山、看看水，做菜种地，劈柴喂鸡，过上了舒心生活。

我爱工作，工作使我快乐！

虽然在那些年被贬的日子里，苏轼不用再承受"案牍之劳形"的辛苦，也不必再理会官场上那些迎来送往。但是，从内心最深处来说，苏轼还是在为自己的政治抱负难以舒展而感到抑郁。在黄州，苏轼先后写作了三篇关于三国和赤壁的作品，其主题几乎都是对山水依旧、英雄不再的感慨，由此也可见，彼时的苏轼虽然也很想用"功名利禄皆浮云"来安慰自己，不过，那些安慰乐观的话语到底还是留给外人看的。对于有志难伸的苏轼来说，或许在这时候，他唯一能用来消愁的，就是在长江上的船儿里倒上两杯好酒，一杯敬自己，一杯敬明月吧！

苏轼在一生当中曾经辗转多地为官，其中不乏很多偏僻、闭塞的地方。但是也正是得益于这些经历，才让苏轼有机会深入北宋最底层老百姓的生活，从而更加清楚地认识到了北宋王朝看似繁盛的肌体下存在的隐患。他曾经多次不顾贬谪身份，为北宋王朝开出了大量具有借鉴意义的"药方"，其中绝大部分谏言是非常精准的。如果当时的皇帝们能够重视苏轼的宰相之才，及时采纳他的谏言，或许北宋也不会迅速衰亡。然而，历史毕竟不会重演，更不允许"如果"。只可惜北宋一朝富庶繁荣、**人才济济**，却最终因为党争和腐败而惨遭灭顶。

纵观苏轼的一生，尽管坎坷，却也欢乐。他不向世俗弯腰，不对权势献媚，始终保持着自己的独立思考，也保持着身为文人的清高坚贞。苏轼是北宋中期的文坛领袖，在诗词、散文、书画等方面都取得了很高的成就，是北宋文学界的顶级大咖。在政治上，苏轼也创造了很多青史留名的政绩。即使被贬到荒凉之地，苏轼也坚持着利用自己的一点职权造福一方，诸如徐州防汛、杭州筑堤等等，都是他在各地留下的政绩。只要有机会，苏轼就会全心全意地为民造福。如果在政治上遇到打击，苏轼则会把自己调整到合适的状态，用最积极的态度抵抗外界的风雨，用淡然和乐观来迎接生活的压力。

这就是苏轼，一生坎坷，颠沛流离，却能将生活的磨难化为

结语　君子如玉亦如钢

滋养创作的养分。虽然生活苟且不堪，苏轼却能用旷达乐观的性格将琐碎清苦的日子过得有滋有味，谈笑自若，令后人尊敬、钦佩和向往。